초록향기 가득,
반려식물 인테리어

일러두기
이 책의 식물명은 시중 유통명을 따랐습니다.

초록향기 가득, 반려식물 인테리어

2019년 2월 28일 초판 1쇄 발행
2021년 5월 1일 초판 3쇄 발행

글쓴이   송현희
펴낸이   권이지

편 집   권이지
표지디자인   이선화
내지디자인   권이지 · 이정아

제 작   성광인쇄

펴낸곳   홀리데이북스
등 록   2014년 11월 20일 제2014-000092호
주 소   서울시 금천구 가산디지털1로 168 우림라이온스밸리 B동 712호
전 화   02-2026-0545
팩 스   02-2026-0547
E-mail   editor@holidaybooks.co.kr

ISBN   979-11-954120-5-1 13520

초록향기 가득

반려식물 인테리어

GREEN INTERIOR

송 현 희 글/사진

HOLIDAYBOOKS

당신을 위한 초록쉼표,
그 이야기

어릴 때부터 책과 글쓰기를 좋아하던 저는 그것과 관련된 일을 하며 살았습니다. 그런 제게 이제 가드닝은 취미를 넘어 제 삶의 중요한 부분을 차지하고 있습니다. 식물을 가꾸고 함께 하며 그 즐거움을 느끼는 일이 저에게는 당연한 일상입니다. 그리고 그 당연함은 위안일 때가 많습니다. 가드닝을 하는 동안은 마음 힘들 일도 없고 우울함도 없으니까요. 곁에 있는 식물들은 큰 것을 바라지 않으니까요. 왜 더 많이 주지않느냐고, 이것밖에 안주냐고 투정부리지 않으니까요. 식물들은 잠깐의 관심, 자연이 주는 시원한 공기와 햇살, 목마름을 해소하고 푸름을 유지할 물이면 되니까요.

특별한 목적이 있어서 가드닝을 한 게 아닙니다. 가드닝을 하다 보니 그 속에 행복이 있었습니다. 모르는 식물을 알아가고 가드닝 책을 읽고, 배우고 느끼고 행복한 가드닝에 제 일상이 들어있습니다. 가드닝을 하며 혼자 즐거워하는 저를 블로그 안으로 밀어 넣은 친구, 그 안으로 발 딛지 않으려 뒤돌아서다가 잠시 들어갔다 나오지 뭐, 하며 지금까지 함께 입니다.

가드닝 블로그를 시작하면서 다짐한 일이 있습니다. '일 년간은 매일 하루 한 편씩은 식물과 관련된 글을 쓰자',는 것이었습니다. 시간이 될 때, 하고 싶을 때 글을 올리는 게 아니라 매일 규칙적으로 블로그에 글을 썼습니다. 사진을 찍고 글을 쓰며 그렇게 다양한 식물에 대한 이야기가 차근차근 블로그에 쌓이고 또 식물과 관련된 많은 분들과의 소통은 더 열심히 가드닝 공부를 하는 기회를 주었습니다.

그렇게 시작된 블로그 글쓰기 8년, 쉼없이 이어온 그 시간은 이천 여개가 넘는 포스팅에 저의 가드닝 이야기가 들어있습니다. 계절따라 부지런히 가드너로 해야 할 일들, 하루하루 달라지는 식물 성장기와 다양한 이야기, 그 글에 공감하는 분들, 그래서 이천 여개가 넘는 글의 의미는 특별합니다.

책을 준비하면서 제 일상에서 함께 하는 감성 가드닝, 그 중에 많은 분들과 함께 하고 싶은 것들, 그 시간을 어떻게 책 속에 담을까…… 고민했습니다. 많은 분들이 초록 식물을 좋아하지만 잘 키우는 방법을 몰라서, 혹은 특별한 식물이나 어울리는 화분 고르는 일이 어려워서, 식물을 구입하면 금세 시들것 같아서 부담스럽다고 합니다. 또 집이나 일하는 공간에 식물을 따로 키울만한 적당한 곳이 없다고도 합니다. 하지만 특별한 공간이 없어도 많은 시간이나 돈을 들이지 않아도 내가 쉬는 곳에, 일하는 공간에 식물과 함께 할 수 있습니다. 그 가드닝의 에너지로 더 행복한 시간을 보낼 수 있습니다.

이 책에는 제가 긴 시간 가드닝을 하면서 배운, 식물을 조금 더 잘 키우는 노하우와 일상 속에서 즐겁게 함께 할 수 있는 이야기가 들어있습니다. 식물의 특성을 알고 잘 키우는 것부터 다양한 가드닝 팁으로 우리 생활 공간을 더 싱그럽게 할 수 있는 방법을 담았습니다.

한쪽씩 넘기면서 누구든 책 속의 사진과 짧은 글을 보는 것만으로도 즐거움은 물론 나도 할 수 있을 것 같은 자신감과 그로 인해 초록의 특별함을 함께 느끼는 책이 되면 좋겠습니다. 모든 분들을 만족시키는 것은 욕심이겠지만 많은 분들이 책을 통해 초록빛 그 싱그러움을 많이 느끼면 좋겠습니다. 그래서 책상에 두고 늘 곁에 함께 하고 싶은 친구 같은 책이 되면 좋겠다는 바람을 가져봅니다.

감사한 분들이 정말 많습니다. 내것이라고 손에 꽉 쥐기만 한다면 결국 사라질 것이라며 삶에 대한 지혜를 알려주신 할머니, 하늘로 떠나시는 날 아침 전화 너머로 듣던 그 목소리가 아직도 생생합니다. 그 가르침 조금이라도 따르며 살겠습니다. 책 출판을 결정하고 하루도 쉼없이 글을 쓰고 사진 작업하며 때로 힘겨움을 토로하는 저를 토닥여주며, 많은 분량의 사진 작업을 수월하게 곁에서 도와준 사랑하는 친구, 소중한 가족들, 학연문화사 권혁재 대표님, 홀리데이북스 권이지 대표님과 출판사 가족분들, 네이버 블로그 '모나코의 초록향기' 이웃님께 감사한 마음 전합니다. 그리고 이 책을 넘기며 독자가 되어 주신 당신께도 감사한 마음 고개 숙여 전합니다.

2019년 봄

송 현 희

목 차

베란다에 가꾸는 작은 정원

베란다는 제한된 공간이지만
율마를 비롯해 제라늄, 선인장, 허브와 꽃, 관엽 등 다양한 식물을
사계절 건강하게 키우기 좋은 공간입니다.
특히 겨울 햇살이 많이 드는 남향 베란다는
추운 겨울도 몇 종류를 제외하고는 무난히 키울 수 있습니다.

그렇게 주택이나 아파트 베란다에서 식물을 키우며,
가꾸는 '나만의 작은 정원'이 있다면 우리 일상은 좋은 사람과
손잡고 함께 걷는 숲길 산책시간처럼 마음이 더 말랑말랑 행복해집니다.

햇살 비치는 베란다, 그 속에 늘어선 식물들과 눈인사로 시작하는 아침,
비 내리는 창밖을 바라보며 잠시 하던 일 멈추고 좋아하는 차 한 잔과
함께 한다면 그곳보다 더 아름다운 나의 공간이 있을까요?

베란다 한쪽, 창가 주변에 오밀조밀, 초록빛 사랑스러운 식물 가족과
함께 하는 행복한 홈가드닝의 시간을 만들어 보세요.

01 멋스러운 잎, 제라니카

잎이 살짝 말리듯 위로 자라는 일반 산세베리아와 달리 얇고 납작한 잎이 특징인 산세베리아 제라니카에요. 잎 모양이 납작하게 부채를 닮아서 부채산세베리아라고도 불려요.

일반 산세베리아에 비해 습도와 건조 등 생명력이 더 강한 편이에요. 실내공기정화 식물로도 좋아서 활용도 높고 키우기도 수월합니다.

산세베리아는 용설란과에 속하는 관엽식물을 통칭해서 부르는 이름입니다. 아프리카가 원산지로 덥고 건조한 지역에 많이 자라는데 국내 수입 초기에는 높은 인기와 더불어 고가의 몸값을 자랑했어요.

산세베리아라는 이름은 이탈리아 산 세베로의 왕자 라이문도 디 산그로를 기리기 위해 붙여진 게 지금까지 불리고 있습니다. 저마다 다른 잎의 모양과 두께 등 그 형태로 여러 종류를 구별합니다.

제라니카는 창가는 물론 실내 책상 위나 침실 등 어디에 놓아도 인테리어 효과도 좋고 웃자람도 덜합니다.

어떻게 관리하나요?

☀ 빛 : 강한 해를 피해서 밝은 곳에 두고 키웁니다.

💧 물 : 건조하게 키워야하는 식물이므로 물은 소량을 가장자리에 줍니다. 여름 장마나 추운 겨울에는 물을 다른 계절보다 절반의 양으로 줄입니다.
과습 등으로 손상이 왔다면 손상된 부분을 가위로 잘라줍니다. 그리고 바람이 잘 통하는 반그늘에서 자른 면을 2~3일 건조시킨후 다시 심습니다.

동글동글 귀여운,
녹영

완두콩 같은 모습이 귀여운 콩선인장, 녹영은 늘어지는 잎이 귀여운 식물이에요. 다년생 덩굴성 다육식물로 그 종류도 정말 다양합니다. 우리나라에도 비슷한 듯 다른 종류가 많이 유통되지만 모두 녹영, 콩난이라는 이름으로 통칭하며 유통됩니다.

녹영 꽃

보통 잎과 달리 연둣빛깔 완두콩이 알알이 매달린 것 같은 형태로 가늘고 길게 자라는 게 특징입니다. 엉겅퀴꽃이나 민들레 모양으로 솜털 같은 작은 꽃이 피는데 얼핏보면 팝콘을 닮은 듯한 그 꽃송이는 더 특별하답니다.

녹영은 일반 화분에 심기도 하지만 원래의 특성을 살려 자라도록 아래로 처지게 하거나 너무 늘어지면 휘감듯 화분주변으로 돌려주어도 됩니다. 적당한 길이를 원한다면 일정 길이를 유지한 후 나머지 줄기는 잘라 화분에 다시 심어 개체를 늘릴 수도 있어요.

어떻게 분갈이하나요?

🌱 준비물 : 옮겨줄 화분, 물, 스트로우나 나무젓가락

• 베란다 등에 걸어서 키우면 더 잘 자라므로 걸이화분을 선택하면 좋습니다. 요즘 많이 사용하는 구멍토분을 이용한다면 옆의 구멍은 흙과 수분이 너무 빠지지 않게 양파망이나 커피자루, 비닐을 이용해 두르고 물이 흐르는 배수구만 남깁니다.

• 녹영을 옮기기 전에 화분에 소립 마사를 조금 섞은 흙을 눌러 채우고 물을 뿌립니다. 한줄기씩 손으로 심으면 손상이 와서, 스트로우를 이용해 구멍을 내고 그 속에 어린 녹영뿌리와 줄기를 꽂듯이 심고 다시 그 도구로 다져주면 됩니다. 가운데는 좀 덜 늘어진 줄기로, 가장자리는 줄기 더 늘어진 걸로 꽂듯 심습니다. 하나 하나 구멍뚫듯 찌르고 심으면 시간이 좀 걸리지만 원하는 화분에 분갈이하면 더 눈길이 가서 관심갖게 되고 오래 키울 수 있습니다.

• 물을 뿌리지 않고 마른 흙에 한다면 심은 줄기가 힘을 못받아 금세 뽑힐 수 있으므로 물로 흙을 적신후 심으면 더 좋아요. 핀셋을 이용해 심을 때는 여린 줄기가 손상되지 않게 조심합니다.

어떻게 관리하나요?

☀ 빛 : 강한 해를 피해 밝은 해가 드는 곳에 걸거나 높은 화분에 늘어지듯 자리하면 좋아요. 적당한 빛이 있어야 고유의 색감이 유지되고 꽃도 볼 수 있습니다.

💧 물 : 건조한 것을 좋아합니다. 겉흙이 바싹 마른 느낌이 들면 맑은 날 흠뻑 줍니다. 동글동글 잎이 쪼글거리면 물이 부족하다는 신호예요.

✈ 기타관리 : 줄기가 너무 늘어지면 줄기 하나로 영양 유지가 힘들어 수분이 빠지므로 적당한 곳을 잘라 다시 꽂아줍니다.

03

멋스러움이 가득,
슈가바인

　여린 잎이 늘어지며 자라는 모습이 기분좋은 슈가바인이에요. 그 이름도 왠지 멋스럽게 느껴져요.
　덩굴식물인 슈가바인은 길게 늘어지도록 키워도 좋습니다. 너무 긴 줄기는 잘라서 흙에 꽂으면 번식하기도 수월해요.

슈가바인은 잘 자랄수록 아래로 늘어지는데 조금 높은 곳에 두거나 걸이 화분에 심어서 걸어 두면 그 잎 늘어짐을 개성있게 볼 수 있습니다.

나무트레이에 작은 화분과 소품을 함께 담으면 새로운 분위기가 연출됩니다.

어떻게 관리하나요?

☀ 빛 : 강한 해를 피해 반그늘에서 키웁니다. 강한 해에 여린 잎이 손상을 입어요.

💧 물 : 겉흙이 바싹 마르면 흠뻑 줍니다. 과습은 좋지 않습니다.

✈ 기타관리 : 겨울 추위에는 잎과 줄기에 손상이 옵니다.

04 알로에 어큘레아타

같은 식물이라도 어떤 공간에 어떤 종류를 키우느냐에 따라서 다양한 분위기를 느낄 수 있습니다. 알로에(aloe)는 비교적 공간을 덜 차지하고 깔끔한 모습으로 사계절 싱그러운 개성을 느낄 수 있는 식물이에요.

알로에는 백합과 알로에속의 식물을 통틀어 이르는 말입니다. 잎은 칼날 모양으로 끝부분이 대부분 날카롭고 잎 가장자리에는 가시가 있는 다육식물의 특징을 갖고 있어요.

종류에 따라서 차이가 있지만 알로에의 즙액은 위장에 좋다고 알려져 있으며 알로에를 활용한 다양한 건강식품도 있어요.

알로에는 아프리카 지중해 지방 등을 포함해 600여종이 있습니다. 식용으로는 알로에 베라와 알로에 사포나리아, 아보레에센스 등 잎이 두툼하고 길게 수확할 수 있는 대형종이 많이 쓰여요.

어떻게 관리하나요?

☼ 빛 : 강한 햇빛을 피할 수 있는 밝은 창가 등이 좋습니다.

🖐 물 : 카페나 사무공간 등 비교적 건조한 곳에서는, 10~15일에 한 번 가장자리로 흙이 조금 젖을 정도로 줍니다. 반면 집 베란다 등 습도가 적절한 곳에서는 겉흙이 아주 바싹 말랐다 싶으면 가장자리 쪽으로 조금 줍니다. 습도가 높은 계절이나 장마철 등은 물 주기를 피합니다.

요즘은 녹색에 긴 잎을 가진 식용으로 선호되던 알로에 외에도 관상용으로 기를 수 있는 원예품종이 많이 보급되고 있습니다. 식용으로 사용할 알로에를 키운다면 그 용도를 고려해서 화원 등에서 상담 후 구입합니다. 반면 집에서 관상용으로 키울 품종을 찾는다면 크기나 가격 등을 잘 고려하세요.

알로에는 통칭으로 한 가지 이름으로 유통되지만 생김이나 색상 등이 다양해요. 그 다양한 종류 만큼 가격대도 차이가 많아요. 집이나 사무실 등 상업공간에서 관상용으로 처음 키운다면 너무 가격대가 높지 않은 종류를 선택합니다. 환경 따라서 관리와 적응성 등 여러 요소가 작용할 수 있으므로 알로에 종류를 처음 키운다면 작고 가격 부담이 적은 종류부터 시작하면 좋아요.

작은 알로에라면 창가나 베란다 등에 놓을 때, 잎 보호나 장식 등의 효과까지 낼 수 있도록 가벼운 바스켓이나 투명 용기에 담아도 좋아요. 성장이 더딘 종류의 잎이 손상되면 회복이 늦어질 수 있으므로, 안전하고 예쁘게 볼 수 있는 곳에 놓습니다.

05

동글동글 사계절 초록 동그라미,
필레아 페페로미오이데스

'중국동전풀', '선교사식물'이라고도 불리는 필레아 페페로미오이데스는 중국 남부 윈난성이 자생지에요. 1940년대 노르웨이 한 선교사가 중국을 떠나면서 노르웨이로 처음 가져왔습니다. 몇 년 전부터 소셜미디어에 인기 식물로 떠올랐지만 일반 화원에서는 구하기 어려웠어요. 하지만 요즘은 어렵지 않게 구할 수 있고, 키우기가 수월하고 번식도 쉬워서 많은 분들이 사랑하는 식물로 자리잡았습니다.

동글동글 사계절 귀여운 필레아는 키우기 무난한 식물이에요. 뿌리나 줄기에 자구도 많이 생겨, 대가족으로 키우기도 좋아요. 강한 햇빛에는 잎이 손상을 입을 수 있으므로 직광을 피해 밝은 곳에 둡니다.

목대는 굵게, 잎은 더 예쁘게 보고 싶다면 아래로 많이 쳐진 잎을 따줍니다. 물은 수시로 자주 주기보다 겉흙이 바싹 말랐을 때 흠뻑 많이 줍니다.

필레아 자구 분리하기

- 시기 : 모체나 주변 흙에서 나와 목대가 2cm 이상 자랄때까지 기다렸다가 아랫쪽을 똑 떼어냅니다.

- 별도의 물꽂이 필요없이 화분에 심어줍니다.

- 화분, 흙 : 너무 크지 않은 화분에 (일반 분갈이흙)70 : 30(가는 마사)를 준비합니다
  흙이 화분에 90% 정도 차도록, 꾹꾹 눌러 채웁니다. 필레아를 넣지 않은 상태로 엄지손가락 등으로 화분 흙 공기빼며 계속 누릅니다. 다음은 필레아 굵기와 비슷한 젓가락 등을 이용해 구멍을 내고 그 사이에 필레아를 꽂듯이 넣어주고, 넘어지지 않게 주변을 눌러줍니다.

- 물 : 바로 흠뻑 줍니다. 뿌리가 제대로 자리잡지 못한 필레아에게 주면 쓰러지므로 흙 가장자리에 줍니다.

- 해 : 밝은 곳에 두고 물은 3~5일 정도에 한 번씩 흠뻑 줍니다.

06

잎이 아름다운,
휴케라

야외 정원은 물론 바위틈 등 어디서도 잘 자라는 휴케라는 붉은바위취라고 도 불려요. 레이첼, 모카, 라임, 실버스크롤스 등 잎의 모양과 색상이 다른 종류 가 많아요. 휴케라는 잎 색상이 다른 아이들을 모아심기해도 예쁘고 저마다 따 로 키워도 매력 넘치는 식물입니다. 모아심기를 할때 연둣빛 라임을 진한 색감 의 레이첼이나 모카 등과 함께 심으면 서로 다른 개성을 느낄 수 있어요.

비교적 넉넉한 화분에 심어서 밝은 곳에 두고 물을 말리지 않으면 금세 풍성 해집니다. 그때는 포기나누기를 해서 다른 화분에 옮겨 심어도 좋아요.

어떻게 관리하나요?

☀ 빛 : 그늘보다 밝은 빛이 있는 곳이 좋아요.

💧 물 : 흙이 마르면 흠뻑 줍니다. 물이 부족하면 줄기와 잎이 마릅니다. 물부족으로 잎 손상이 심하면 그 줄기를 바짝 잘라주고 물을 흠뻑 주면 새잎이 다시 올라옵니다.

07

멋스러운 덩굴,
고려담쟁이

황토 벽돌집 외벽을 타고 멋스러운 모습을 연출하는 식물 중 하나가 바로 담쟁이에요. 야외 월동도 되고 실내에서도 무난하게 자라는 고려담쟁이에요. 여름에 잘 자라 늘어지는 모습도 좋고 가을에 물드는 잎도 참 개성있어요.

가을에 물이 들었다면 추워지면서 그 잎을 모두 떨구고 휴면기에 들어갑니다. 그때는 물주기를 줄입니다. 2월 쯤부터 줄기에서 여린 새싹이 봄인사를 건네기 시작합니다. 그때 물주기를 부지런히하면 풍성한 담쟁이의 매력과 함께 할 수 있어요.

어떻게 관리하나요?

☀ 빛 : 실내 밝은 곳에서도 잘 자라고 야외 직광에서도 아주 예쁘게 큽니다.

💧 물 : 계절따라 차이가 있지만 봄, 가을보다 더운 계절에 물을 많이 줍니다. 가을에 단풍지고 겨울은 휴면기이므로 물은 신경쓰지 않아도 됩니다. 휴면기가 끝나면 기온이나 그늘 등 장소따라 다르지만 주로 3~4월에 새 잎이 납니다. 집에 있는 담쟁이는 2월말에 새 잎이 났어요. 야외에서 키워도 4월까지 여유있게 기다려 주세요. 자칫 잘못된 줄 알고 뽑아버리면 안됩니다.

🌱 줄기 : 화분에서 한 줄기만 가늘게 늘어지면 끝쪽 적당한 부위를 잘라주세요. 줄기를 굵게 키울 수 있습니다.

08 은은한 색감을 지닌,
문샤인

은은한 달빛을 받은 듯한 빛깔이 아름다운 산세베리아 문샤인이에요. 두툼한 조직의 잎이 살짝 말리듯 올라가며 특유의 빛깔을 내는 문샤인은 적당한 빛이 있어야 그 아름다움을 유지합니다.

산세베리아 종류 중에서 특유의 아름다운 색감을 지닌 문샤인은 거실이나 베란다는 물론, 사무공간이나 카페 등 공간제약 없이 무난히 어울리는 식물입니다. 자연스러운 색감을 살리고 싶다면 토분에 심어도 좋고, 놓을 공간의 특성의 고려해 흰색이나 검정의 실린더 형태의 화분을 선택하면 주변 분위기를 더 밝게 합니다.

어떻게 관리하나요?

☀ 빛 : 밝은 곳에 두고 키웁니다. 빛이 너무 부족하면 색감의 은은함이 사라집니다.

🪣 물 : 건조하게 키워야하는 식물이므로 소량의 물을 가장자리에 줍니다. 물이 너무 부족하면 조직의 수분이 조금씩 빠지면서 쪼글쪼글해지며 키만 자라고 특유의 느낌이 줄어듭니다. 그때는 한 달 정도 넉넉한 기간을 잡고, 5~7일마다 물을 나누어 주며 수분을 채웁니다.

09

귀여운 왕관을 닮은,
스투키 티아라

산세베리아과의 다육식물인 스투키 중에서 귀여움을 자랑하는 티아라예요. 공주의 왕관 모양을 닮은 잎이 개성인 스투키 티아라는 뿔처럼 위로 난 스투키와는 또다른 귀여움이 있죠. 잎이 옆으로 퍼지듯 자라는 모양이 독특해서 작은 화분에 여러개를 심어 창가 등에 조르르 놓아도 예쁩니다.

성장이 더딘 편이므로 딱 맞는 화분에 심어 비교적 건조하게 키우면 그 모습을 오래 볼 수 있습니다.

어떻게 관리하나요?

☀ 빛 : 밝은 곳에 두고 키웁니다.

💧 물 : 과습을 조심해야 하므로 흙이 아주 바짝 말랐을 때 가장자리에 소량의 물을 줍니다. 만약 두툼한 잎부분이 건조로 인해 주름지듯이 쪼글거린다면 한 번에 많은 양의 물을 주기보다 일주일 정도 시간을 두고 나누어 줍니다. 그러면 과습 걱정 없이 수분이 차올라 다시 도톰해집니다.

저마다 개성다른 다양한,
10 마사줄

잎이 바람개비 모양으로 비틀리듯 자라는 마사줄은 주로 '마사'으로 간단히 부릅니다. 원예용으로 유통되지만 원래는 고산지, 해안가 등에서 다른 나무나 바위 등에 기대 자라는 덩굴나무입니다.

마사은 그 종류도 정말 많습니다. 다양한 잎의 색감이 매력인 오색마사, 잎이 작은 좀마사, 황금마사, 제주마사, 나주마사, 통영무늬마사, 7색마사, 황제마사, 은마사, 중투마사, 칼마사, 창마사 등 잎의 크기나 모양, 물이 들었을때 달라지는 색상, 지역 합식 등 특성도 저마다 다릅니다.

그 중에서도 시중에서 많이 볼 수 있는 오색마사과 황금마사, 좀마사은 가격 부담도 적은데다가 서로 잎의 개성이 달라서 키우는 즐거움도 큰 화초입니다.

가을 햇살에 물든 칼마사 잎

이끼와 사이좋게 함께 살아요

☀ 빛 : 햇빛을 많이 받으면 잎이 곱게 물들어요. 또 마삭 고유의 모양도 예쁘게 유지합니다.

🌱 흙 : 분갈이 할 때 일반분갈이 흙에 마사를 넣어서 물빠짐이 좋게 합니다.

💧 물 : 해를 좋아하는 만큼 물이 부족하면 잎이 오그라들듯 말라 떨어지고 풍성한 잎의 숱이 줄어듭니다. 해가 쨍쨍한 곳이 있다면 내 놓고 물을 많이 주면 과습걱정없이 고운 빛깔의 잎을 볼 수 있습니다.

초설이라는 이름을 가진 오색마삭은 햇빛 양과 온도 등에 따라서 여러 가지 잎 색상을 보여줍니다. 흰색부터 초록, 빨강 등 다양합니다.

가을 햇살에 물든 황금마삭

황금마삭은 그 이름에서도 알 수 있듯이 햇빛을 제대로 받고 잘 자라면 잎이 황금빛깔처럼 노랗게 물듭니다. 물론 햇빛이 부족해도 성장에 큰 지장은 없어요.

좀마삭은 잎이 작고 그 작은잎이 모여 풍성하게 자라면 특유의 개성을 볼 수 있습니다. 햇빛이 부족하면 잎이 얇게 커지듯 웃자랍니다.

동글동글 토피어리,
11 황제마삭

개성있고 멋스러운 다양한 마삭 중에서 어떤 종류를 좋아하세요?

잘 관리된 마삭은 그 가격도 만만찮은데 분재 좋아하시는 분들은 공들여 분재로 키워도 좋아요. 마삭은 꽃을 보는 식물은 아니지만 햇빛에 물들면 그 잎 색상이 왠만한 꽃 못지않게 예쁘죠.

황제마삭은 잎이 작아 좀마삭과 비슷하지만 잎끝의 둥글기와 노란빛 도는 색상에서 차이가 있습니다. 햇빛을 많이 받으면 잔잎에 힘이 생기며 위쪽으로 팔을 뻗듯이 자랍니다. 그래서 다른 마삭종류보다 토피어리 형태로 키우기 좋은 마삭입니다. 햇빛이 적으면 잎이 조금 더 커지고 얇아지며 아래로 처집니다. 가지가 벌어지듯 토피어리 형태도 사라집니다. 조금 작고 단순한 화분에 심어 해 좋은 곳에 두고 물관리를 잘 하면 사계절 예쁜 모습을 볼 수 있습니다.

햇빛을 많이 받을수록 잎 색상이 선명하고
예쁩니다. 또 힘이 생긴 잎은 위로 향하듯 자라며
토피어리 모양을 유지합니다.

수형을 만들 때
자른 줄기를 유리병에 꽂아 탁자 등에 두어도 싱그러워요.

어떻게 관리하나요?

☀ 빛 : 걸이대나 야외 공간이 있다면 강한 햇
빛에 놓고 키웁니다. 햇빛이 좋을수록 잎의 웃
자람이 적고, 건강한 모습을 유지합니다.

🌿 흙 : 가는 마사를 조금 섞어 일반 분갈이
흙과 함께 사용합니다.

💧 물 : 물이 부족하면 잎이 마르고 잔가지 손
상이 옵니다. 한겨울을 제외하고 물을 아주
많이 줍니다.

좀배롱나무

주로 거리의 가로수나 아파트 등 주택의 정원수로 많이 심어진 배롱나무에 비하면 작은 크기의 좀배롱나무에요. 큰 나무를 집 베란다 등에서 키우기는 어렵지만 이렇게 작은 분재형태의 배롱나무는 또다른 즐거움을 줍니다.

좀배롱나무 꽃

식물 이름 앞의 '좀'은 보통 기본 종에 비해 아주 작은 경우, 원래이름 앞에 붙여서 부릅니다.

어떻게 관리하나요?

☀ 빛 : 빛을 좋아하는 식물입니다. 햇빛을 많이 받을 수 있는 곳에서 키웁니다.

💧 물 : 잎이 물들어 떨어질무렵이 되는 초겨울과 한겨울은 휴면기이므로 물주기를 줄입니다. 그 외의 계절에는 겉흙이 마르면 흠뻑 줍니다.

13

살랑이는 잎,
아디안텀

철사처럼 가늘고 힘있는 줄기끝에 마치 은행잎을 축소한 듯한 하늘하늘 얇고 부드러운 잎이 개성있는 아디안텀이에요. 아디안텀은 고사리과에 속하는 양치식물입니다. 아디안텀은 'Maidenhair fern'이라고도 불리는데 물을 뿌리거나 물 속에 담궈도 물을 튕겨버리는 특성 때문에 붙여진 그리스어로 '젖지 않는다'란 뜻의 아디안토스에서 유래되었습니다.

아디안텀은 처음 키울때는 잘 자라다가 물이 부족하면 잎이 말라 손상이 옵니다. 물이 부족해 하늘거리고 부드러운 잎끝이 말랐다고해서 완전히 잘못된게 아니에요. 잎이 마른듯 보여도 실제 생명력은 강한 화초에요.

빛이 조금 부족해도 큰 이상없이 잘 자라지만 물이 부족하면 잎끝이 오그라들듯 마르고 곱던 초록빛도 갈색으로 변합니다. 몇주 이상 오래 방치한게 아니라면 뿌리 위쪽 줄기를 바짝 잘라주세요. 그리고 바람이 잘 통하는 장소에 놓고 물을 흠뻑 많이 주세요. 과습 걱정이 크게 없는 화초입니다.

하늘거리는 잎이 오그라들듯 마르고 손상이 오면 물부족인 경우가 대부분입니다. 손상된 줄기 아래를 바짝 자르고 물을 흠뻑 주세요. 새잎이 다시 나서 예쁜 모습을 볼 수 있습니다.

어떻게 관리하나요?

☀ 빛 : 직광은 피해서, 바람이 잘 통하는 밝은 곳에 둡니다.

💧 물 : 가늘고 힘있는 줄기와 보들거리는 잎은 물이 부족하면 금방 손상됩니다. 물은 환경따라 차이가 있지만 겉흙이 조금 마르면 흠뻑 줍니다.

설렘이 화분 가득,
황금세덤

'설렘'이라는 기분좋은 꽃말을 가진 황금세덤은 노랑부터 연두, 형광 등 조금씩 다른 빛깔을 느낄 수 있습니다.
노랑빛깔, 때로 연둣빛 새침한 잎을 가진 황금세덤은 햇살을 많이 볼수록 매력이 더 커집니다.
강한 햇빛이 있는 곳에서 키우면 특유의 색감을 볼 수 있습니다.

따뜻한 지역이 고향인 황금세덤은 다양한 품종이 있어요. 나무처럼 곧게 자라는 것부터 시작해, 옆으로 누워 기듯이 자라는 세덤, 꽃의 향기가 진한 품종도 있습니다. 봄부터 가을까지 성장을 하며 겨울에는 휴면기로 보냅니다. 햇빛을 많이 못보면 줄기가 웃자라고 특유의 색상이나 작은 꽃송이 같은 모양을 보기가 어렵습니다.

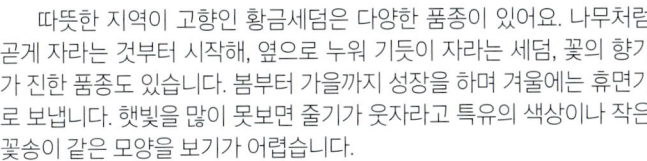

황금세덤은 어떤 화분에도 무난히 잘 어울리지만 손잡이가 있는 항아리 형태 화분도 좋아요. 햇빛따라 장소 옮기기도 수월하고 화분표면으로 늘어지듯 자라는 모습도 예쁘게 볼 수 있습니다.

베란다 걸이대의 삼나무와 황금세덤

화분으로 느끼는 작은 숲,
아스파라거스 메이리

15

초록빛이 사계절 예쁜 아스파라거스 메이리입니다요. 잎사이에 피는 좁쌀같은 흰꽃은 자세히 안 보면 핀줄도 모르게 지나치게 돼요.
여린듯하지만 힘있는 그 줄기와 잎이 하늘하늘, 그 느낌과 싱그러움이 계절 구분없이 참 좋은 식물입니다. 주로 초록빛 솜털같은 잎을 보기 위해 키우는데 잎처럼 보이는 것들은 사실 바늘처럼 생긴 줄기에요.

초록 잔잎 사이에 핀 흰꽃은 자세히 보아야 알 수 있어요

어떻게 관리하나요?

☀ 빛 : 직광보다는 밝은 빛이 있는 바람 잘 드는 곳이 좋습니다.

💧 물 : 촘촘한 잎들이 수분으로 유지됩니다. 물은 겉흙이 마르면 흠뻑 줍니다. 물이 부족하면 초록색 잎이 노랗게 물드는듯 하다가 시간이 갈수록 누렇게 변해 우수수 떨어집니다.

✈ 줄기 : 긴 형태의 화분보다 낮고 흙이 많이 들어가는 화분에 심으면 안정적인 느낌으로 키울 수 있어요

코브라 아비스와 사자엽 아비스

코브라 아비스

고사리과에 속하는 아스플레니움 안티룸입니다. 생긴 모양이 코브라와 닮았다고 해서 시중에서 코브라 아비스로 유통되는 개성있는 식물이에요.

코브라 아비스는 일반 아비스 종류보다 잎이 더 두툼하고 잎가장자리가 구불구불 주름진 모습이 키울수록 매력이에요.

사자엽 아비스

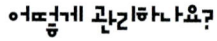
어떻게 관리하나요?

☀ 빛 : 강한 해를 피해 반그늘에 둡니다. 겨울에는 추위를 조심해야합니다.

💧 물 : 겉흙이 마르면 흠뻑 줍니다.

코브라 아비스는 특히 추위에 약한 편입니다. 기온이 5도 이하로 내려가면 초록잎이 검게 변하며 손상이 옵니다. 그때는 손상 줄기를 조심스럽게 떼어주고 물을 흠뻑 준 후 5도 이상으로 온도가 유지되는 곳으로 옮겨줍니다.

17 에덴로소

앞과 뒤, 서로 다른 색상의 잎, 그 개성만으로 돋보이는 식물 에덴로소는 네델란드가 고향인 식물이에요. 도톰한 잎은 겨울 추위만 조심하면 사계절 개성있게 볼 수 있습니다.

어떻게 관리하나요?

☀ 빛 : 강한 해를 피해서 밝은 곳에 둡니다.

💧 물 : 조금 건조하게 키웁니다. 겉흙이 바싹 마르면 흠뻑 줍니다.

귀여운 하트 잎,
18
러브체인

하트잎이 늘어지는 모습이 예쁜 러브체인이에요. 러브체인은 키울수록 뿌리쪽에 있는 작은 감자 같은 구근이 커지고 또 더 생겨나면서 자체 번식을 합니다.

그 구근을 기반으로 줄기가 하트잎을 달고 늘어지며 자라다보면 줄기 부분이 가늘어지기도 하고 마른 부분이 생깁니다. 일정 길이 이상 늘어지면 좀 잘라서 다시 흙에 심어도 좋습니다.

물 관리를 잘 못해 줄기 손상이 많이 있어도 뿌리 속 구근은 대부분 살아 있습니다. 줄기가 말랐다고 버리지 마세요. 줄기를 바짝 잘라 밝은데 두고 물을 주면 새 잎이 나, 예쁜 모습을 계속 볼 수 있습니다.

러브체인 꽃

무늬 러브체인

러브체인 구근으로 번식하기

늘어지는 잎은 손상되거나 계절따라 마르기도 하지만 흙 속에 알뿌리는 유지되어 건강한 경우가 많습니다. 그때 손으로 알뿌리가 손상되지 않게 꺼내서 새로 분리해 키울 화분에 옮겨주면 됩니다.

러브체인 알뿌리

분리한 알뿌리

옮겨 심은 알뿌리

19

잎이 귀여운,
줄리아 페페

페페 종류들이 대체로 무난한 식물에 속해요. 그 중에서 잎이 귀여운 줄리아 페페는 베란다는 물론 사무실 창가 등에서도 잘 자랍니다.

다양한 종류의 페페가 있지만 줄리아 페페는 잎맥이 개성있고 관리도 수월한 편이라 어느 공간에 놓고 키워도 무난한 편이에요.

잘 자라면 줄기가 잎을 감당하지 못하고 늘어지는데 그 줄기를 잘라 흙에 꽂아주거나 물꽂이를 해주면 번식할 수 있습니다.

수박필레아와 줄리아페페

어떻게 관리하나요?

☀ 빛 : 너무 강한 빛을 피해서 반그늘에 둡니다.

💧 물 : 과습을 조심해야 합니다. 겉흙이 바싹 마르면 흠뻑 줍니다.

신홀리페페는 추위에 조금 약해요.
겨울에는 베란다의 밤 온도가 5도 이하로 내려간다면
실내로 들여 주세요.

신홀리페페

20 상록 넉줄 고사리,
후마타

뿌리 위로 올라온 거미발같은 줄기가 특징인 후마타에요. 그 위로 올린 초록잎은 사계절 싱그럽게 살랑이는 모습이 개성입니다. 건조하면 잎이나 줄기 등이 말라서 주로 물을 많이 주게 되는데 그때 민달팽이 등에게 습격을 받을 수도 있지만 거미발줄기만 살아 있다면 그곳에서 언제든지 새 잎이 나옵니다.

보스턴 고사리

새장 소품을 활용한 후마타

후마타는 그 특유의 줄기가 개성이므로 처음 접하는 분은 어색할 수도 있습니다.

하지만 그 줄기는 화분 등 수분 많은 표면에 흡착하듯 붙어 자라고 번식의 역할도 합니다. 줄기가 무성하다면 낱개 잎을 아래 줄기와 함께 똑, 따듯 분리해 수태나 이끼 등으로 감싸 키워 보세요.

철제 등 소품에 수태 등으로 키울 때는 후마타 양을 적절히 조절 합니다. 5촉 내외로 양을 적당히 조절해야 소품과 어우러짐이 좋습니다.

수태를 활용한다면 일반 화분에 심은 것보다 물 관리를 좀 더 신경써야 합니다. 수태가 너무 마르면 용기에 물을 담아 30분 정도 두었다가 걸어줍니다.

후마타 뿌리를 수태로 감싼 후 가는 굵기 와이어나
낚시줄로 수태를 둥글게 고정한 후 소품과 활용하면 됩니다.

어떻게 관리하나요?

❀ 빛 : 밝은 빛도 좋아하고 빛이 적은 곳도 무난합니다. 다만 25도 이상일 때 강한 해에 오래 노출되면 손상이 올 수 있으므로 하루종일 해가 내리 쬐는 곳보다 일정 시간 그늘이 생기는 곳이 좋습니다.

💧 물 : 거미발이 화분을 뒤덮으면 흙의 상태를 알 수가 없어요. 화분 크기와 계절 등을 고려해 너무 건조하지 않게 물을 충분히 줍니다. 표면이 마르면 흠뻑 많이 줍니다. 화분에서 키운다면 비교적 관리가 수월합니다ㅏ. 수태나 이끼 등으로 감싸 공중걸이로 키운다면 뿌리가 자리한 부분이 너무 마르지 않게 합니다.

🌿 흙 : 화분에 심는다면 물빠짐이 좋은 흙을 섞어 키웁니다.

21 휴양지가 떠오르는,
아라우카리아

살짝 뾰족거리는듯한 느낌의 잎을 가진 아라우카리아에요. 끝만 뾰족한 듯 까슬하지 실제로는 부들부들한 촉감도 함께 느낄 수 있어요.

이 아라우카리아를 보고 있으면 외국의 어느 휴양지가 잠시 떠오르기도 해요. 가지들은 층층이 배열되어 수평으로 자라는데, 빛이 너무 적거나 물을 많이 주면 가지가 아래로 처집니다. 그때는 많이 처진 가지 끝을 조금 잘라줍니다.

목대가 시원한 아라우카리아는 화분 위에 간단한 장식을 하면 더 생기있게 느껴집니다.

어떻게 관리하나요?

☀ 빛 : 밝은 곳이면 무난하게 큽니다.

💧 물 : 놓고 키우는 장소따라 차이가 있지만 겉흙이 바싹 말랐을 때 아주 흠뻑 많이 줍니다.

🌱 흙 : 마사를 조금 섞어 심으면 좋습니다.

22

영광의 상징,
월계수나무

녹나무과에 속하는 월계수는 그 이름에서부터 좋은 느낌이 납니다. 원산지는 남유럽으로 그곳에서 가장 많이 납니다. 월계수하면 운동경기를 빼 놓을 수 없죠. 초록진한 잎이 달린 가지로 화관을 만들어 스포츠 경기 우승자에게 월계관으로 씌워주는, 승리와 영광을 상징하기도 하는 식물이기 때문입니다.

옛 올림픽에서는 우승자에게 월계수 잎으로 왕관을 만들어 수여했습니다. 근대 올림픽이 시작된 이후에도 한동안 월계관을 씌워주었습니다. 우리나라 손기정 선수가 시상식에서 월계관을 쓰고 있는 모습에서도 알 수가 있죠.

월계수나무는 우리나라에는 경상남도와 전라도에도 많이 분포하고 있으며 남쪽 지역에서는 정원수로 키우기도 좋은 식물입니다.
10월 정도에 달리는 열매는 앵두처럼 둥글고 진한 자줏빛을 띕니다. 월계수나무의 특징 중 한가지는 잎을 식용으로도 사용할 수 있다는 것입니다. 잎을 따서 말린 것은 향신료로 많이 유통되고 있는데, 특유의 향이 진하게 풍기기 때문에 각종 고기 요리나 차에 사용됩니다.

잎 활용하기

냄새를 제거해야 하는 고기 요리에 몇 장 정도만 넣어도 비린내를 효과적으로 제거할 수 있어 유용하게 이용됩니다.
키우고 있는 생잎을 바로 따서 사용한다면 향은 강하고 쓴맛도 살짝 날 수 있지만 냄새제거에 효과적으로 사용이 가능합니다.

어떻게 관리하나요?

☀ 빛 : 밝은 빛이 있는 곳이 좋아요. 빛이 부족하면 새 잎이 나서 힘없이 얇은 연둣빛으로 웃자랍니다.

💧 물 : 겉흙이 바싹마르면 아주 흠뻑 줍니다. 물이 부족하면 잎이 처지고 끝이 마릅니다. 물부족 등으로 잎 중에 일부가 변색이나 이상현상을 보인다면 그 잎은 떼어내고 샤워호스 등으로 잎과 줄기를 깨끗하게 씻어줍니다. 그리고 물을 충분히 준 후 밝은 해가 있는 곳에 둡니다.

초록 공간 꾸미기 좋은,
23 홍콩야자

홍콩야자(Schefflera)는 세계적으로 100여종 이상이 분포되어 있는 관엽식물입니다. 중국과 대만이 원산지로, 잎의 모양이 우산을 닮았다고 해서 우산나무라는 이름으로 부르기도 합니다. 가끔은 홍콩대엽과 비슷해 보이지만 크기가 더 작아요. 3m 정도 자라지만 환경이 맞는 야생에서는 6m까지도 크게 자랍니다.

카페나 상업공간에는 아주 큰 홍콩야자가 눈에 자주 띄죠. 새로 나는 가지는 녹색을 띠고 있으며 오래되면 갈색으로 목질화가 됩니다. 잘 자라면 붉은색 꽃이 피고, 열매는 검은색으로 둥글게 열립니다.

작은 포트 홍콩야자는 가격도 저렴하고 키우기도 무난한 편입니다. 작은 포트 홍콩야자를 구입해 좋아하는 스타일의 화분에 분갈이해보세요. 식탁 옆이나 책상 근처 등 실내에 두면 그 초록 덕에 눈도 마음도 시원함을 느낄 수 있습니다.

홍콩야자 분갈이

1. 빈화분과 흙 등을 준비합니다.

2. 빈화분에 흙을 조금 채우고 홍콩야자를 넣습니다.

3. 윗부분에 흙을 채워넣습니다.

4. 아랫잎이 너무 많으면 조금 잘라줍니다.

어떻게 관리하나요?

❀ 빛 : 안정적인 장소, 너무 어둡지 않은 실내에서 두고 키워도 무난합니다. 성장기에는 주 1~2일 정도 밝은 베란다에 내놓습니다.

💧 물 : 겉흙이 바싹 마르면 흠뻑 줍니다.

✈ 분갈이 : 3,000~5,000원 정도의 작은 포트를 구입했다면 원래 포트의 3배 정도 넉넉한 화분에 옮깁니다.

✈ 손질하기 : 아랫쪽 잎을 가위로 조금씩 잘라주면 통풍도 잘 되고 위로 잎도 잘 나며 목질화가 멋스럽게 됩니다.

5. 분갈이 후 흙이 젖을 정도로 물을 준 후 밝은 곳에 둡니다.

24

초록빛으로 반짝이는 잎,
청희단풍

청희단풍은 키가 많이 자라지 않는 왜성종으로 가지와 잎이 촘촘하며, 잎몸이 5~7갈래로 갈라진 모양입니다. 봄에 연둣빛 새잎을 보이며 가을이면 단풍이 들고, 초겨울 잎을 모두 떨구고 휴면합니다.

거리나 공원에서 단풍나무가 초록빛으로 햇살에 반짝이고 또 가을에 물든 모습을 보면 정말 예쁘죠. 그런 단풍나무를 집 베란다에서 키우면서 사계절을 느낄 수 있어 참 좋아요.

멋스러운 식물들, 개성있는 식물들 많지만 단풍나무는 직접 키우면서 화분으로 사계절을 느끼는 또다른 매력의 식물같아요. 한겨울을 제외하면 계절따라 다른 모습, 예쁘게 보여주는 청희단풍. 집이나 사무실에서도 키우기 크게 어렵지 않아요.

겨울이 끝나 갈 무렵,
가지 끝에 잎을 준비하는 새싹이 납니다.

어떻게 관리하나요?

☀ 빛 : 햇빛이 좋은 곳에서 잘 자랍니다.

💧 물 : 봄: 새순이 나온 후부터는 잎의 양에 따라서 물주기에 신경을 씁니다. 만약, 새순이 나올 때 물이 부족하면 잎이 다 자라기도 전에 마를 수 있고 잎이 나와도 풍성하지 못해요. 풍성한 잎을 자랑할 때도 물이 부족하면 잎이 금세 말라 떨어지고 풍성함이 줄어듭니다.
겨울 : 늦가을 단풍이 지고 완전히 가지만 있을 때부터는 물주기를 줄이면 됩니다. 겨울이 지나고 보통 2월 전 후로 가지 끝에 새순을 보여 줍니다.

🌿 흙 : 물빠짐이 좋은 마사토와 일반 흙을 섞어서 사용하면 좋습니다.

멋스럽게 키우기,
25 남천

남천은 정원수로도, 일반 가정 베란다 등에서도 무난히 어울리는 식물입니다.

남천은 작은 포트분부터 크기따라 다양합니다. 남천을 실내용 소품 작은 포트로 산다면 워낙 어린 순이라 분갈이해서 풍성하게 키우는걸 우선으로 합니다.

중품으로 사면 한 두 줄기보다 여러 줄기기 있는 것으로 구입합니다. 분리하지 말고 한 화분에 심어 줄기의 단을 조절하면서 키우면 멋스럽게 남천 특유의 느낌을 낼 수 있습니다.

남천은 제때 가지치기를 하지 않으면 그 특유의 모습도 보기 힘듭니다. 누렇게 마르는 줄기와 서로 엉킨 잎으로 남천만의 매력을 느끼기 어렵습니다.

어떻게 관리하나요?

☀ 빛 : 집에서 키운다면 해가 가장 잘 드는 베란다가 좋습니다. 하지만 빛이 적은 현관에서도 잎이 초록빛을 유지하며 무난하게 잘 자랍니다.

💧 물 : 겉흙이 말랐다 싶으면 아주 흠뻑 줍니다. 물이 부족하면 잎에 수분력이 부족해 잎이 우수수 떨어져 내립니다.

🌱 흙 : 가는 마사를 조금 섞어 일반 분갈이 흙과 함께 사용합니다.

✈ 기타관리 : 물 부족으로 손상이 왔다면, 줄기를 살짝 흔들어 마른 잎은 모두 털어냅니다. 그리고 손상이 온 여린 가지는 가위로 바짝 잘라줍니다.

남천 가지치기 순서

가지치기 전

1. 가위를 준비해서 남천의 아랫줄기부터 살펴봅니다.
2. 아래와 윗부분을 잘라줍니다. 아깝다는 생각이 들 수 있지만 자른 부위에서 새순이 다시 납니다. 그 사이 아래 목대는 더 힘을 갖고 굵어집니다.
3. 가지치기를 한 후는 화분 흙 상태를 살펴보고 복토를 합니다.

가지치기 후

봄에는 풍성한 꽃과 또 가을에는 열매,
26 올리브나무

올리브나무는 그 잎 자체를 사계절 내내 보는 것만으로도 관상가치가 좋습니다. 거기다 봄에는 풍성한 꽃과 또 가을에는 열매까지 수확할 수 있어서 장점이 많은 식물입니다.

그런 올리브나무를 이탈리아 등 해외에서만 볼 수 있었던 때가 있습니다. 하지만 국내에도 수입되면서 요즘은 일반 꽃집에서도 어렵지 않게 볼 수 있고 구입해 키우기도 쉬워졌습니다.

물푸레나무과에 속하는 올리브나무(Olea europaea)는 지중해 원산의 늘푸른작은키나무로 5~10m 높이까지 자랍니다. 마주나는 잎의 뒷면은 은백색으로 작은 비늘털이 촘촘합니다. 보통 5~7월에 2년생 이상의 올리브나무 줄기 끝에 흰색 꽃이 모여서 핍니다. 환경에 따라서 차이가 있지만 꽃이 풍성하게 필수록 열매도 많이 달립니다. 꽃가루가 떨어지면서 나무주변이 꽃가루가 많이 날리지만 자연스레 둡니다. 그 다음 과정으로 열매를 볼 수 있습니다.

열매는 타원형, 원형으로 열리고 늦가을에 검게 익습니다. 날씨가 비교적 따뜻한 남쪽 섬에서는 정원수로 심어서 키울 수 있습니다. 정원수로 심을 수 있는 지역에서는 햇빛과 바람 등 조건이 좋기때문에 더 건강하고 멋스러운 잎도 볼 수 있어 추천하고 싶은 정원수입니다.

베란다에서 키우는 올리브나무, 봄에 꽃이 풍성하게 피고 진 후 지금은 나뭇가지마다 작은열매가 달렸습니다. 올리브나무는 한 그루로는 열매 맺지 않는 종류도 있고 한 그루만으로도 꽃과 열매를 풍성하게 볼 수 있는 종류도 있습니다. 키우시는 분이나 키울 계획이신 분은 그 부분 참고하셔서 예쁘게 키우세요.

봄에 핀 올리브나무 꽃

꽃이 진 후 달린 올리브나무 열매

어떻게 관리하나요?

☀ **빛** : 햇빛을 좋아합니다. 실내보다 밝은 햇빛이 있는 곳에서 키웁니다. 집에서 키운다면 해 좋은 곳, 베란다 등에 둡니다.

💧 **물** : 겉흙이 마르면 아주 흠뻑 줍니다. 배수구멍으로 물이 많이 흘러나오도록 흠뻑 줘야 충분한 수분을 흡수해 잎이 떨어져 내리지 않습니다. 놓고 키우는 장소가 야외인지 실내인지 놓인 곳의 습도를 체크하며 물을 조절합니다.

🌱 **흙** : 물빠짐이 좋도록 마사를 조금 섞어서 심습니다.

✈ **분갈이** : 물부족으로 손상이 왔다면, 줄기를 살짝 흔들어 마른 잎은 모두 털어냅니다. 그리고 손상이 온 어린 가지는 가위로 바짝 잘라줍니다.

올리브 잎과 커피자루를 이용한 소품

소엽올리브나무

소엽올리브나무 가지치기

위로 자라는 나무들의 특성에 맞게 올리브나무도 적당한 지점을 찾아 손질하면 줄기가 굵어지고 풍성하게 키울 수 있습니다.

27
상쾌한 향이 한가득,
유칼립투스

코알라가 좋아하는 식물로 잘 알려진 유칼립투스(Eucalyptus)는 그리스어의 '아름답다'와 '덮인다'의 합성어로 그 꽃의 모양에서 유래된 이름입니다. 유칼립투스의 종류는 700여종이 넘습니다. 슬쩍 스치듯 만지면 잎에서 특유의 향이 나서 기분이 좋아집니다. 유칼립투스 잎을 이용해 만든 에센셜 오일은 강한 살균작용이 있어 유용하게 쓰입니다.

어떻게 관리하나요?

☀ 빛 : 햇빛을 좋아합니다. 밝은 곳에서 키웁니다.

💧 물 : 겉흙이 마르면 아주 흠뻑 줍니다.

✈ 기타관리 : 뿌리 성장도 좋은 편이므로 분갈이는 성장과 함께 적절한 시기에 해야합니다.

4월에서 11월은 야외에서 특히 잘 자라는데 야외가 어렵다면 해가 제일 좋은 곳에 둡니다. 물이 부족하면 잎이 마릅니다. 만지면 레몬향기가 나는 레몬유칼립투스는 살균 방부의 효과가 높아 줄기를 잘라 현관에 걸어두면 잡균을 차단하는 효과가 있어요.

사계절 초록잎을 기분좋게,
휘카스 움베르타

넓은 잎을 가진 특징답게 공기정화에도 좋은 휘카스 움베르타는 어디에도 무난히 잘 어울리는 식물이에요. 큰 키의 움베르타는 카페 등에서도 자주 보이는데 성장도 좋은 편이라서 사계절 초록잎을 기분좋게 볼 수 있습니다. 밝은 곳에 두고 물 신경만 쓰면 키우기도 크게 까다롭지 않은 식물이에요.

겨울 추위에는 약한 편입니다. 한겨울 아파트 베란다 등에서 키운다면 기온 따라 잎이 쳐지고 손상이 옵니다.

하지만 봄에 물 양을 늘리면 새 잎이 나면서 원래 모습을 회복합니다.

어떻게 관리하나요?

☀ 빛 : 강한 해를 피해 밝은 곳에 둡니다.

💧 물 : 겉흙이 마르면 흠뻑 줍니다. 물이 부족하면 잎이 쳐지고 손상이 옵니다.

29

거북등 모양이 독특한,
알로카시아 아마조니카

열대지방 식물인 알로카시아는 그 종류도 정말 많아요. 거북등 모양의 아마조니카는 비교적 아담하게 키울 수 있어 사랑받는 관엽이에요.

반그늘에서 잘 자랍니다. 겉흙이 바싹 마르면 흠뻑 많이 주세요. 추위에 약한 편이므로 겨울에는 베란다보다 실내로 들이면 겨울을 잘 날 수 있습니다.

알로카시아는 너무 튀거나 화려한 문양이 있는 것보다 단순한 걸 선택하면 특유의 잎을 더 개성있게 느낄 수 있어요.

어떻게 관리하나요?

☀ 빛 : 강한 해를 피해 반그늘에 둡니다.

💧 물 : 겉흙이 마르면 아주 흠뻑 줍니다. 물이 부족하면 잎이 처지고 손상이 옵니다.

✈ 온도 : 겨울에는 추위를 조심해야합니다.

30

부드러운 잎의 초록빛,
왓소니아

구름이끼, 부처손이라고도 불리는 왓소니아는 부드러운 잎의 초록빛이 특징이에요. 얼핏보면 측백나무 잎처럼 보입니다. 하지만 반음지에서 잘 자라는 양치식물로 건조와 추위만 조심하면 실내에서도 키우기 좋은 식물입니다.

어떻게 관리하나요?

☀ **빛** : 강한 해를 피해 반그늘에 둡니다.

💧 **물** : 겉흙이 마르면 아주 흠뻑 줍니다. 물이 부족하면 잎이 처지고 손상이 옵니다.

✈ **온도** : 겨울에는 추위를 조심해야합니다.

크게 변화가 생기지 않는 화분에 픽을 꽂으면
더 개성있게 보여요.

31 불로초

꿩의 비름이라고도 불리는 불로초는 다년생으로 해 좋은곳에 놓으면 그 잎만 보아도 참 예뻐요. 가을이 되면 꽃도 피는데 꽃봉오리가 화사해 잎과 꽃을 다 예쁘게 볼 수 있습니다.

가을에 꽃이 피고 그대로 야외에 두어도 괜찮습니다. 잎은 추위에 손상을 입지만 봄이면 다시 새 잎이 예쁘게 납니다.

야외 월동 후 봄에 새로 난 잎은 꽃 못지않게 예뻐요.

어떻게 관리하나요?

☀ 빛 : 강한 해를 좋아합니다.

💧 물 : 비교적 건조한 환경을 좋아합니다. 물은 겉흙이 바싹 마르면 줍니다

🌡 온도 : 겨울에는 추위에 잎을 떨구지만 다음해 봄이면 새잎이 납니다.

32

성격 좋은 에코플랜트,
스킨답서스

스킨답서스 종류는 대부분 실내에서도 큰 관리 없이 잘 자라는 편이에요. 그 중 스킨답서스 오레우스는 초록에 흰무늬가 매력적이에요. 화사한 느낌이 있어서 집은 물론 상업공간의 카운터, 창가 등에 놓기도 좋아요.

스킨답서스 활용 팁

실내 어두운 곳, 상업공간 창가 등 어디서도 키우기 무난해요.. 그래서 손잡이 바구니 등에 담아 여러공간에 간단히 옮기기도 좋고 또 걸이로 키우기도 좋아요. 만약 스킨답서스를 걸이화분에 키운다면 너무 높지 않게, 적당한 길이로 유지하면 키우면 좋아요. 너무 길게 늘어지면 자칫 깔끔함이 적어 어수선한 느낌이 들 수도 있고 긴 줄기에 비해 잎은 적어 싱그러움이 떨어질 수 있습니다. 자른 줄기는 유리병 등에 꽂아 수경으로 키워도 좋아요.

33 알로에 용산

알로에 용산은 잎 가장자리에 톱니처럼 난 잔가시가 개성이에요.
이런 가시식물은 날카로운 느낌과 깔끔한 느낌이 특색있어 상업
공간이나 사무공간 등의 그린인테리어에도 좋아요.

어떻게 관리하나요?

☀ **빛** : 밝은 곳에 두고 키웁니다. 실내에만 두면 알로에 특유의 색감을 유지하기 어려워요. 그늘에 있다가 빛이 너무 많은 곳에 내 놓으면 색이 검은 빛을 띠며 변하기도 합니다. 하지만 일시적인 현상일 뿐이므로 일정한 양의 빛이 잘 드는 곳에 두면 회복됩니다.

💧 **물** : 겉흙이 바싹 마르면 가장자리부터 빙 둘러가며 흠뻑 줍니다. 조직 자체에 수분을 많이 포함하고 있으므로 과습을 조심합니다. 물주기는 습도가 높은 계절이나 비가 너무 많이 내리는 때를 피해서 하면 좋아요.

✈ **자구** : 잘 자라면 아랫쪽에서 새로운 개체가 생기는데, 너무 이른 시기에 분리하면 자체 성장이 어려울 수 있습니다. 가시잎이 조금 벌어지면 그때 다른 화분으로 분리합니다.

기분좋은 향기 가득,
허브 향기

허브(Herb)는 푸른 풀을 의미하는 라틴어 '허바(Herba)'에서 유래 되었으며 고대 국가에서는 향과 약초라는 뜻으로 사용되었습니다. 요즘은 꽃, 씨앗, 줄기, 잎, 뿌리가 식용과 약용, 미용 등 유용하게 쓰이고 있습니다.

허브는 키우면서 즐기는 관상용 가치 뿐만 아니라 식용과 약용, 그 향기로 사람들의 마음까지 움직이는 능력이 있는 식물이죠. 허브의 좋은 향기는 사람의 후각을 자극하고 감정과 사람의 중추신경기관에도 직접적인 영향을 주어 뇌에도 좋은 영향을 줍니다.

잉글리시라벤더 꽃

활짝 핀 프렌치라벤더 꽃

허브키우기의 중요한 조건

허브 키우기의 가장 중요한 조건은 첫째, 햇빛이 잘 드는 곳, 둘째, 배수가 잘 되는 토양, 셋째, 통풍이 잘되는 장소를 고르는 것입니다. 허브키우기 실패 원인으로 통풍이 제대로 안 되는 것과 햇빛 부족을 들 수가 있습니다.

간혹 꽃집에서 학생들 머리를 맑게 해준다고 공부방에 놓고 키우면 좋다고 하지만 사실 해가 적게 들고 바람이 잘 안 통하는 방에서는 장기적으로 키우기가 쉽지 않습니다. 만약 방에서 키운다면 낮에는 해 좋고 바람 좋은 장소에 두었다가 저녁에 안으로 들여야합니다.

마리노라벤더

마리노라벤더와 프렌치라벤더는 잎모양에서 가장 큰 차이가 있죠. 일자인 프렌치라벤더잎과 달리 마리노라벤더 잎은 약간 쑥갓 모양을 닮은듯 잎이 뾰족뾰족 하죠.

라벤더(Lavender)의 특성

'행운, 풍부한 향기'의 꽃말을 지니고 있는 라벤더는 "허브의 여왕"이라고 불려요. 꽃은 보랏빛으로 예쁘게 핍니다. 또 마음까지 안정시켜 불안과 불면증에 도움을 준다고 합니다. 라벤더 오일은 살균, 소독작용이 있어 가벼운 화상이나 피부질환, 외상 등에 효과가 있으며 진정 작용이 있으며, 벌레나 곤충에 물려 가려운 곳에 바르면 가려움증이 가라앉는 효과도 있습니다. 또한 두피에 바르면 발모촉진에 도움이 된다고합니다

• 라벤더의 이용 : 포푸리, 목욕제, 화장수, 향수, 화장품, 비누, 아로마 오일

어떻게 관리하나요?

☀ 빛 : 햇빛과 통풍이 중요합니다. 해가 잘 들고 바람이 살랑이는 곳에서 키웁니다.

💧 물 : 너무 습한 것은 좋아하지 않으므로 겉흙이 마르면 흠뻑줍니다.

🌿 흙 : 석회질 토양을 좋아하므로 계란껍질, 조개껍질을 깨끗하게 세척, 건조한 후 잘게 부수어 뿌려주면 좋습니다.

아래 통풍을 위해 잔가지는 잘라줍니다.

대중적으로 사랑받는,
35 로즈마리

허브 중에서도 로즈마리는 대중적으로 많이 알려지고, 사랑받는 품종 중 하나입니다. 양지바른 지중해 해안쪽이 원산지인 로즈마리는 '바다의 이슬' 이라는 뜻의 라틴어에요. 요즘은 관상용 외에도 여러 가지 용도로 이용되고 있습니다. 로즈마리 오일은 근육통과 관절염에도 좋다고 알려져 있어 다양하게 연구·활용되고 있습니다.

집에서는 로즈마리를 키우면서 정신적 안정은 물론 키우는 즐거움까지 느낄 수 있습니다. 신선한 로즈마리 잎은 따서 건조해서 차를 만들거나 간단한 오일을 만들어 사용할 수 있습니다.

로즈마리는 햇빛이 좋고, 통풍이 잘 되는 장소가 좋습니다. 그 두가지가 부족하면 잎에 병충해가 생기고 마르는 등 손상이 옵니다.

로즈마리 꽃

어떻게 관리하나요?

☀ **빛** : 햇빛과 통풍이 중요합니다. 해가 잘 들고 바람이 살랑이는 곳에서 키웁니다.

💧 **물** : 겉흙이 마르면 흠뻑 줍니다. 물이 부족하면 잎에 수분이 빠지며 마릅니다.

🌱 **흙** : 일반 분갈이 흙에 가는 마사를 조금 섞어 심습니다.

36

초콜릿 향기,
헬리오트리프

거칠거칠한 표면의 약간 큰 듯한 잎을 가진 헬리오트리프는 꽃에서 초콜릿 향이 나는 것으로도 많이 알려져있죠.

햇빛과 물로 잘 키우면 몽글몽글 보랏빛 구름같은 꽃을 풍성하고 예쁘게 볼 수 있습니다.

본잎 따기

어떻게 관리하나요?

☀ **빛** : 실내보다 아주 밝은 빛이 있고, 바람이 잘 통하는 곳에서 키웁니다.

💧 **물** : 겉흙이 마르면 흠뻑 많이 줍니다. 꽃이 피었을 때는 특히 물 관리에 신경씁니다.

🌱 **흙** : 물빠짐이 너무 좋은 흙보다 물을 준 후 보습력이 좋은 일반 분갈이 흙이 좋습니다.

✈ **잎관리** : 물과 햇빛 좋아 잘 자라는 헬리오트리프는 큰 잎 주변에 새 잎이 많이 납니다. 그때 기존 큰 잎은 잎끝이 약간 마른듯하며 쳐지는 반면 잎 바로 옆에 난 새잎들은 잘 자랍니다.

✈ **본잎 제거하기** : 본잎 옆에 난 새잎들이 잘 성장하면 본잎을 제거해야 예쁘고 건강한 잎을 볼 수 있어요.

37

상큼한 향기의, 애플민트

상큼한 향기의 애플민트는 수분이 있는 장소를 좋아하며 자생력이 강해 어디서든 비교적 잘 자라는 편입니다. 추운 겨울, 노지에서도 겨울을 잘 나고 따뜻해지면 연둣빛 새잎이 귀엽게 납니다.

애플민트 꽃봉오리

애플민트 활용하기

음식 등에 다양하게 쓰이지만 더운 계절에는 시원한 음료와 함께 간단히 활용하기 좋습니다. 너무 여린 잎이나 아랫쪽 잎 보다 가운데 잎이 시원한 음료에 띄우거나 얼음으로 활용하기 좋습니다.

어떻게 관리하나요?

☀ 빛 : 햇빛과 통풍이 중요합니다. 해가 잘 들고 바람이 살랑이는 곳에서 키웁니다.

💧 물 : 습한 환경을 좋아합니다. 건조하지 않게 물을 관리합니다.

🌱 흙 : 물이 너무 잘 빠지는 것보다 보습력이 좋은 흙에 심습니다.

🌿 애플민트 얼음 만들기

잘 자라고 있는 애플민트로 너무 억세지 않은 중간 부위 잎을 따 깨끗하게 씻어서 얼음 칸에 얼리면 간단합니다. 오미자차 등 원하는 음료에 넣어 마시면 좋습니다.

38

작고 귀여운 매력,
다육식물

다육식물은 도톰한 잎에 꽃처럼 귀여운 종류도 많아 가드닝과 인테리어에서 아기자기한 분위기를 연출할 수 있습니다. 꽃송이 모양의 품종, 흘러내리듯 자라는 품종, 은빛처럼 특정 빛깔이 개성인 것 등 종류도 다양합니다. 각각의 개성을 살려 모아심기를 하면 화분에 자연을 담은 듯 공간의 포인트까지 느낄 수 있습니다.

다육식물은 워낙 종류가 많고 개성있어 다양하게 키우는 마니아 층도 많아요.

하월시아

녹비단

웅동자

모난데스

다육식물은 햇빛이 부족하면 웃자람 현상이 생겨요. 그래서 처음 구입할 때와 달리 예쁘던 모습이 사라지고 잎 사이 줄기가 길어보입니다. 적당한 햇빛과 통풍 등을 신경쓰면서 키웁니다.

다육식물을 키워본 경험이 적다면 지나치게 고가이거나 수입 다육식물보다 너무 비싸지 않으면서 키우기 쉬운 종으로 선택합니다.

크리스마스캐롤

단애여왕

다육식물인 단애여왕은 뿌리 위 비교적 큰 구근에서 줄기와 잎이 나는 조금 독특한 식물중 하나입니다. 원산지가 브라질인데 그래서인지 브라질에델바이스라는 별칭도 있어요.

줄기와 잎이 모두 부드럽고 긴 솜털로 덮여있는데 꼭 융단천같아요. 예전에 처음 보고 "신기하다~, 넘 보들거려"를 연발하며 처음 본 그 인상적인 기억이 납니다.

단애여왕의 뿌리는 따로 있는데 줄기아래 고구마도 아니고 돌덩어리도 아닌 게 턱 하니 버티고 있습니다. 그위로 뻗어나온 보드라운 털을 가진 줄기와 잎이 매력입니다.

뇌신

축전

개성넘치는 정원

식물이 많은 사람들의 생활속에 함께 하면서
신종 식물도 늘어나고 있어요.
오랫동안 식물과 함께 하는 가드너 중에는 개성있는 식물을 찾는 사람도 많고,
식물 키우기의 첫 시작을 개성있는 식물로 함께 하고 싶어 하는
사람도 있습니다.
실제로 이름도 모양도 개성있어 한 번 더 보게 되는 식물이 있어요.
작은 돌덩이 같은 식물인데
초록 하트잎을 퐁퐁 보여주는 구갑룡,
넓은 정원의 한그루 나무같은 느낌이지만
작게 멋지게 눈앞에서 매일 보고 키울 수 있는 황금짜보,
은청색의 멋스러운 빛깔로 눈길 끄는 블루아이스,
뾰족뾰족 날카로운 잎 사이에 달린 빨간 열매를 보는 걸로도
행복한 크리스마스의 추억을 떠올릴 수 있는
크리스마스베리 등 종류도 많아요.
그렇게 끌림이 있는 개성있는 식물을
한 두가지쯤 키우고 있으면 가드닝 생활에
더 큰 즐거움이 생깁니다.

01

크리스마스 트리 장식용 나무,
호랑가시나무

    동서양을 막론하고 좋은 나무로 여기는 게 여러가지 있지만 그 중에서도 호랑가시나무를 빼놓을 수 없습니다. 호랑가시나무는 나쁜 일을 막아주는 좋은 나무로 여겨지고 있습니다. 잎을 보면 많이 익숙할텐데 서양에서는 크리스마스 트리 장식용 나무로 사용되기도해서 '트리나무'라는 별명도 어색하지 않아요. 또 우리나라 불우이웃돕기 상징인 '사랑의 열매'가 이 호랑가시나무 열매입니다.

    호랑가시나무는 호랑이가 등이 가려우면 가시처럼 뾰족한 잎 등을 문질렀다는 유래가 있는 나무입니다. 우리나라 남해안에 주로 자라는데, 전북 부안의 호랑가시나무 군락과 광주광역시의 노거수 1주가 문화재로 지정되어 있고, 전남 나주의 상방리 호랑가시나무는 천연기념물(516호)로 지정되어 있을 만큼 보호 및 가치를 인정받고 있는 나무입니다.

나뭇가지와 와이어를 이용해 만든 픽

잎이 작은 향호랑가시나무

어떻게 관리하나요?

☀ 빛 : 밝은 햇빛을 좋아합니다. 해가 좋은 곳에 놓고 키웁니다.

💧 물 : 겉흙이 마르면 흠뻑 많이 줍니다. 너무 건조하게 키우면 잎이 말라 떨어집니다. 또 너무 건조할 때는 진딧물이 잎과 줄기사이에 생길 수도 있습니다. 줄기에 진딧물이 생겼다면 약을 사용하기 전에 물을 흠뻑 준 후 면봉으로 진딧물을 닦아냅니다. 그리고 햇빛 좋은 곳에 두고 살펴봅니다.

🌱 종류 : 무늬호랑가시나무와 향호랑가시나무

향호랑가시나무는 봄부터 여름사이 아주 작은 꽃이 핍니다. 너무 작아서 자세히 봐야 보여요.

향호랑가시나무 꽃

02

반짝반짝,
반딧불털머위

여름밤, 초록잎에 반딧불이가 살짝 내려앉은
듯한 노란 형광빛 느낌의 무늬가 매력이에요. 겨울
동안은 잎의 개성을 감추고 평범하게 잠자듯 지낸
반딧불털머위. 봄이 오면 잠에서 깨듯 예뻐질 준비
를 합니다.

지금은 보기 쉽지 않은 반딧불이지만 베란다의
반딧불털머위를 보고 있으면 잠시 아주 어린시절,
반딧불이가 반짝이던 그밤 친구들과 옥수수를 먹
으며 놀던 때가 떠올라요.

봄부터 여름사이 한창 예뻐지는 잎

어떻게 관리하나요?

☀ 빛 : 햇빛을 좋아합니다. 베란다 등에서 키운다면 해가 좋은 곳에 둡니다.

💧 물 : 물이 부족하면 잎이 빨리 시듭니다. 겉흙이 마르면 흠뻑 줍니다.

🎋 번식 : 반딧불털머위가 화분에서 너무 자라 풍성해지면 화분에서 뽑아 뿌리를 나누는 포기나누기로 번식합니다.

봄되며 나는 새 잎

휴면 중인 겨울

03

보는 마음까지 더 행복하게,
구갑룡

남아프리카 공화국 건조한 지역이 자생지인 구갑룡의 실제 이름은 '엘리판티페스'(Dioscorea elephantipes)입니다. 라틴어로 '코끼리 발'을 의미하는데 국내에서는 원추 모양의 괴근 부분이 거북이 등껍질과 비슷하다고 해서 '구갑룡'으로 더 많이 불려요.

자세히 보면 숨바꼭질 하는 아기 거북이가 연상되는 개성있는 식물이에요. 둥글고 딱딱한 원추 아래 뿌리를 따로 뻗어 수분과 영양을 담당하고, 위로 별도의 줄기와 잎이 납니다. 처음보면 이게 뭔가, 돌덩어리가 아니고 식물이 맞나, 싶어요. 구갑룡은 일반 괴근식물과 달리 단단하고 거친 원추부분으로 왠만한 과습과 건조를 견딜 수 있습니다.

투박하고 무뚝뚝한 듯한 구갑룡이 보여주는 줄기의 하트잎은 보는 마음까지 행복하게 해줍니다.

와이어 고정 Tip

하트잎을 단 줄기는 30cm정도부터 길게는 100cm까지도 자랍니다. 이 줄기를 그냥 보는 것보다 지지대를 세워서 감아주면 다른 화분이나 물건에 걸리는 일도 없이 예쁘게 볼 수 있습니다. 지줏대 역할을 하는 와이어는 구갑룡 줄기보다 너무 가늘거나 굵지 않아야합니다. 너무 가늘면 힘을 못받고, 지나치게 굵으면 투박한 느낌이 들어요. 연필심 정도의 굵기를 활용해서 지지대를 만들면 좋습니다.

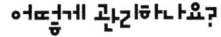

겨울보낸 후나 분갈이 후 등 하트잎과 줄기에 문제가 생겼을 때는 줄기를 바짝 잘라주세요. 밝은 곳에 두고 물을 흠뻑 주면 7~20일 후면 다시 새 줄기와 잎이 납니다.

▣ 어떻게 관리하나요?

☀ 빛 : 강한 햇빛을 피해서 밝은 창가에서 키웁니다. 햇빛이 적당하면 줄기의 웃자람이 적고 하트잎도 예쁘게 볼 수 있습니다.

💧 물 : 겉흙이 바싹 말랐다 싶으면 아주 흠뻑 줍니다. 원추 모양의 괴근에 기본적인 수분을 저장하고 있으므로 너무 자주 주지 않습니다. 기온이 20도 이하로 내려가는 겨울에는 보통 휴면을 합니다. 물주기를 줄이고 밝은 곳에 둡니다.

🌱 흙 : 가는 마사를 조금 섞어 일반분갈이 흙과 함께 사용합니다.

04

이름만큼 모습도 개성있는,
파티오라금

연필선인장이라고도 불리는 파티오라금은 그 이름만큼 모습도 개성있어요. 연두색 줄기를 꽂아둔것도 같고 바람이 불면 금세 꺾일 것 같지만 실제로는 강하고 생명력도 좋아요.

계절따라, 그 햇빛 양따라서 색상이 바뀌기도 합니다.

햇빛에 물든 파티오라금

어떻게 관리하나요?

☀ 빛 : 강한 햇빛보다 밝은 햇빛이 있는 곳이 좋아요.

💧 물 : 물을 너무 말리면 잎 끝이 마릅니다. 마사섞은 흙에 심어서 겉흙이 마르면 흠뻑 줍니다. 기온이 내려가는 겨울에는 물주기를 줄입니다.

풍성한 느낌도 좋지만 한 두줄기 심어 특유의 줄기를 보는 것도 좋아요

분수처럼 솟아나는 잎,
덕구리난

백합과에 속하는 덕구리난은 아래
둥근 형대에서 가는 잎을 올리는 모양
이 특징입니다. 줄기 밑둥, 술병처럼
부푼곳에 수분을 저장합니다. 덕구리
난은 입구가 좁고 긴술병모양을 닮아
일본어에서 유래한 이름이에요. 덕구
리난, 독구리난이라고도 불려요.

건조와 추위에도 비교적 강한 편
이에요. 화분에 심을 때는 특유의 그
둥근부분이 너무 많이 묻히지 않도록
적당히 조절해서 심습니다.

어떻게 관리하나요?

☀ 빛 : 창가 등 밝은 햇빛이 있는 곳에서 키웁니다.

💧 물 : 물은 겉흙이 바싹 마르면 흠뻑 줍니다. 물이 부족하면 둥근 부분이 쪼글거리듯
수분이 빠집니다 그때 물을 흠뻑 주고 완전히 건조시킵니다. 하루이틀 후 다시 흠뻑 주
면 원래모습으로 회복됩니다.

양파 모양처럼 생긴 부분에 수분을 저장하고 있어요. 뿌리가 따로 있으므로 분갈
이 할 때는 원추 모양이 흙 속에 너무 많이 묻히지 않도록 해야합니다.

06

은청색의 신비함,
블루아이스

은청색의 예쁜 빛깔을 지닌 블루아이스는 빽빽하고 부드러운 질감의 잎을 가진 편백 종류의 식물입니다. 햇살에 잘 자라 보여주는 블루색은 우아한 느낌이 들 정도에요. 잎이 뾰족거리는 듯 비교적 곧게 자라는 블루아이스는 엘사트리라는 애칭으로도 불립니다.

추위에도 강해서 정원수로도 좋아요. 초록식물들 사이에 심으면 그 빛깔이 개성있어 잘 어울립니다.

햇빛이 좋고 바람이 잘 통하는 야외에서 자란 블루아이스

어떻게 관리하나요?

☼ 빛 : 빛이 좋은 야외, 해 좋은 곳이 좋습니다.

💧 물 : 겉흙이 바싹 마르면 아주 흠뻑 줍니다.

🌿 흙 : 물이 잘 빠지는 흙이 좋습니다.

이름만큼 모습도 개성있는,
케이프스타

보통 식물과 달리 케이프 스타는 꼬불꼬불, 마치 스프링처럼 말린 잎이 특징이에요. 양파를 닮은 구근에서 올라온 가늘고 힘있는 잎은 누군가 일부러 돌돌돌 말아놓은 것처럼 꼬불거려서 매력적이에요.

사막식물인 케이프스타는 그 독특한 잎모양 탓에 프리즐시즐이라고도 불립니다. 또 꽃이 피면 그 향이 좋아서 향백합이라고도 불려요.

여름 휴면 후 다시 잎이 나는 모습

케이프스타 꽃

꽃봉오리

꽃은 주로 봄부터 여름에 걸쳐서 피는데 꽃봉오리가 커지고 꽃이 활짝 피면 영양분이 꽃 쪽으로 몰리면서 꼬불거리던 잎 중에 일부는 조금 마르기도 합니다. 하지만 자칫 잎 끝이 마른다고 너무 물을 많이 주면 과습이 올 수 있습니다. 정상적으로 성장하면서 새 잎이 나고 꽃도 피는 중이라면 기존 잎의 마름 현상은 자연스러운 것이므로 일부 마른 잎 때문에 물을 너무 많이 주지 않아야해요.

날씨가 더워지는 여름이 되면 휴면기가 시작되어 잎이 마르고 성장을 하지 않아요. 이때는 물주기를 줄이고 화분을 밝고 시원한 곳에 두세요. 선선한 가을이 되면 다시 성장을 준비하는데 이때부터 물을 조금씩 주면 됩니다.

어떻게 관리하나요?

☀ 빛 : 햇빛이 적은 장소보다 밝은 빛이 드는 창가나 시원한 베란다 등에 둡니다.
꽃이 핀후는 해에 너무 오래 노출시키는 것보다 그늘쪽에 두면 조금 더 오래 볼 수 있습니다.

💧 물 : 케이프스타는 마치 양파같은 구근을 갖고 있는데 너무 위로 많이 올라오게 심는 것보다 살짝 흙 속에 묻히게 심습니다. 그리고 물은 계절이나 습도에 따라서 차이가 있지만 겉흙이 바싹 마르면 흠뻑 줍니다. 속에 있는 구근이 손상될 수 있으므로 건조한 듯 키우면서 맑은 날을 이용해 오전 시간에 흠뻑 주고 나머지 물이 과습을 일으키지 않게 하면 좋아요.

🌱 흙 : 물빠짐이 좋도록 가는 마사를 조금 섞어 심으면 좋아요.

08
층층이 멋을 담는 나무,
금송

일정한 간격을 유지하면서 층층이 자라는 잎이 개성있는 금송이예요. 환경에 따라 차이가 있지만 키가 30m 정도 높이까지도 자랍니다. 짧은가지 끝에 15~40개씩 모여 달리는 바늘잎은 2개가 합쳐져 좀 두꺼운 편입니다. 잎 양면 가운데 얕은 골이 있고 끝은 오목한 특징이 있어요. 정원수로도 좋은 식물로 손꼽히고 있습니다.

얼핏 소나무 느낌이 나지만 소나무과의 식물이 아니라 낙우송과에 속합니다. 잎 가운데 골은 길고 두툼한 편이에요. 잎 끝이 날카롭지 않아서 닿아도 별로 아프지는 않아요.

금송은 5년생까지는 아주 더디게 자라는 편이지만 그 이후부터는 빠른 성장을 보입니다. 나이 한 살 먹어갈때마다 멋스러움까지 늘어나요.

작은 소품은 베란다에서 키우기 좋고 좀 크기가 있는 금송은 정원수로 좋습니다.

종자번식을 많이 하는데 한 번 결실 후는 해걸이가 심해 3~4년은 종자 결실이 부진해요. 인기 높은 수종이지만, 공급량이 부족해 화훼단지나 꽃집에서 찾아보기 쉽지 않을 때도 있어요.

봄이면 연둣빛 새순이 예쁘게 올라옵니다.
이때 햇빛 양과 물이 부족하지 않아야 적당한 길이와 두께로
자리잡습니다.

새순이 완전히 자란 여름

흙은 마사를 섞어심고 위는 세척마사로만 마무리한 후 화산석 등을
올리면 깔끔해요.

09

계절따라 변하는 매력적인 잎,
라인골드

계절따라 다른 잎 색상을 보여주는 라인골드는 잎이 변하는 모습에 키울수록 매력을 느낄 수 있어요. 연둣빛 부드러운 잎이 햇살과 바람에 풍성하게 자라고 어느 순간 다시 갈색머리 염색한 듯 변하는 모습을 보면 신비롭기까지 합니다. 얼핏 보면 율마와 닮은 듯하지만 촘촘하고 뾰족한 율마와 달리 잎이 부드럽고 잎간격이 넓은 서양측백나무에요.

봄날의 라인골드.
기존의 잎사이로 돋아나는 연둣빛 새잎은 햇빛이 풍부하면 더 건강하
고 예쁘게 볼 수 있습니다.

가을이 가까워지며 변하는 잎색상

연둣빛 부드러운 잎이 햇살과 바람에 풍성하게 자라고
어느 순간 다시 갈색머리로 염색한 듯 신비로운 색상을 보여줍니다.

라인골드잎은 강한 햇빛에 많은 영향을 받아 여러 색을 냅니다.
잎이 물들어도 그 잎이 떨어지거나 문제가 생기지 않아요.
봄이 오면 신기하게 연둣빛으로 다시 변합니다.

닮은 듯 다른 라인골드와 율마

어떻게 관리하나요?

☀ 빛 : 햇빛을 정말 좋아합니다. 빛이 좋은 곳, 강한 해가 있는
곳이면 좋아요.

💧 물 : 겉흙이 마르면 흠뻑 많이 줍니다. 물이 부족하면 잎끝
이 마릅니다.

✈ 통풍 : 햇빛과 함께 바람이 부는 공간에 놓으면 더 건강하고
풍성한 모습 볼 수 있어요

10

동굴속 종유석같은,
석화회

석화회는 마치 깊은 동굴 속에서 종유석이 자라듯 줄기에 잔잎이 조금씩 쌓이며 자라는 특성이 있어요. 초록진한 잔잎은 서로 엉겨붙듯 위로 자랍니다.

석화회는 베란다 등 해 좋은 곳에 두고 겉흙이 마르면 아주 흠뻑 많이 줍니다. 물이 너무 부족하면 잎이 갈색으로 변하며 손상이 옵니다.

줄기와 잎이 함께 붙어자라는
석화회는 침엽 중에서도
그 개성이 뚜렷해요.

어떻게 관리하나요?

☀ **빛** : 햇빛이 충분히 드는 장소에 두고 키웁니다. 장시간 빛이 부족하면 고유의 잎 색상이 사라지고 새잎도 잘 나지 않습니다.

💧 **물** : 겉흙이 마르면 흠뻑 많이 주세요.

🍃 **통풍** : 물이나 빛 등의 부족으로 일부 잎이 갈색으로 말랐다면 그 부위를 손을 이용해 떼어내고 밝은 곳에 두고 물을 잘 줍니다.

잘 자라는 식물화분에 성장을 방해할 정도로 많은 이끼가 있으면 제거해야 하지만 그렇지 않으면 함께 키워도 새로워요.

11

사랑스런 빨간 열매,
크리스마스베리

사랑스런 빨간 열매가 예쁜 크리스마스베리에요.
정식 이름은 루스커스로 지중해 연안이 원산지입니다.
빨간 열매 외에도 잎 중앙에 작은 꽃이 피는게 특징이
에요.

루스커스라는 이름보다도 크리스마스베리로 많
이 불리는데 두 가지가 어원이 있어요. 초록의 열매
가 전부 빨간 색상을 띄는 시기가 크리스마스 즈음이
라고 해서 붙여진 것, 또 하나는 지중해 연안 국가에
서 크리스마스 때 이 식물이 '평화'를 선물한다는 의
미로 함께해서 붙여진 것입니다.

잎 중앙에 달린 열매

물과 햇빛을 좋아하지만 건조나 반건조에도 강한 식물이에요. 그래서 실내 가드닝
으로도 좋고 많은 사람들이 오가는 공간의 포인트 식물로도 사랑받습니다. 열매는
잎 한가운데 꽃이 지면서 작게 달려 연두, 초록, 빨강빛깔의 모습이 되는데 밝은 곳
에 두고 겉흙이 바싹 마를 때, 물을 흠뻑 주면 길게 건강하게 볼 수 있습니다.

※ 너무 건조하면 잎에 진딧물이 생길 수 있으므로 습도를 고려해 물을 충분히 줍
니다.

사계절 싱그러운 율마 정원

5월의 초록빛을 닮은 식물 율마는
보통 식물과 달리 휴면기 없이 자랍니다.
그래서 사계절 그 싱그러운 모습을
함께 할 수 있어서 좋습니다.

햇살과 율마

율마는 1년, 2년은 물론 10년 이상 든든하게 키울 수 있습니다. 하지만 오래 키우는 나무다 보니, 물과 햇빛 외에도 기본적인 가지 손질이 꼭 필요합니다.

길게 잘 뻗은 율마, 동글동글 보기 좋은 멋진 수형이 아니라도, 적절한 시기에, 적당한 위치의 가지 손질을 해야 오래 건강하게 키울 수 있습니다.

베란다 걸이대의 작은 율마

01 율마, 그 초록의 특별함

제 가드닝의 첫 시작 식물이기도 한 율마는 초록빛 외에는 다른 색감이나 특별한 개성은 없습니다. 하지만 시간이 지나도 변함없는, 그 한결같은 초록이 좋습니다.

가끔, 햇살 비치는 날 율마를 보고 있으면 그 초록빛이 어떤 보석 못지 않게 예쁘고 특별하게 느껴집니다.

율마가 초록빛으로 잘 자라다가 어느 순간 잎이 부들거리고, 갈색으로 뻣뻣해지며 손상이 오면 속상하죠. 율마에 대한 정보를 좀 더 알면 키우기가 한결 수월합니다.

율마 문제 대처요령

• 겉은 건강한데 율마 속이 갈색이에요 : 속 잎이 너무 많고 그곳에 통풍이 안되 갈색으로 손상된 것입니다. 속부분을 보고 심하게 빼곡하면 가지를 잘라주세요.

• 물을 잘 주는데 잎이 말라요 : 화분 크기가 작지 않은지 물은 자주 주지만 양이 너무 적지 않은지 체크해보세요. 율마는 한 달, 두 달…. 시간 지날수록 목대가 굵어지며 더 많은 양의 물과 넉넉한 화분을 필요로 합니다.

• 물을 주면 금세 화분 아래로 빠져요 : 마사를 너무 많이 섞은건 아닌지, 분갈이를 너무 오래 안 해서 흙의 보습력이 떨어진건 아닌지 체크해보세요. 조금 더 큰 화분에 옮기면서 마사 없는 일반 분갈이 흙만 사용해주세요.

• 한쪽만 새순이 나면서 풍성해요 : 햇빛을 많이 받은 한쪽만 성장이 왕성해서 나타나는 현상입니다. 3~4개월마다 화분 방향을 돌려서 골고루 햇빛을 받게 해주세요.

• 율마 영양제는 뭐가 좋을까요 : 햇빛과 물, 보습력 좋은 흙이 있는 넉넉한 화분, 복토 등이면 충분합니다. 그것만 잘 지키면 별도의 영양제는 주지 않아도 됩니다.

키와 모양이 다른 율마들이 이루는 작은 숲.
제 직장 야외에서 키우는 율마들은 겨울이면 실내로 들어와 작은 숲을 만듭니다.

02 율마 건강하게 키우기 기본 팁

1. 올바른 분갈이 : 화분 크기와 흙

작은 포트 크기에서 여러 번의 분갈이를 거쳐 성장한 율마

보통 식물은 그 크기에 적절한 화분을 선택하지만 율마는 처음 구입한 포트 화분보다 2배 이상 넉넉한 크기가 좋습니다. 그래야 흙의 양이 많이 들어가고 물을 준 후 보습력도 일정기간 유지되어 성장에도 도움이 됩니다.

흙은 마사를 적게 넣거나 사용하지 않으면 더 좋습니다. 율마 통풍이 중요하다는 말에 뿌리 통풍과 물빠짐을 위해 마사를 많이 넣는 분이 계신데 마사없이 보습력이 좋은 일반 분갈이 흙만 사용합니다. 또 윗부분에 마사 마무리를 하지 않아야 흙 상태, 건조 상태를 살피거나 윗 부분에 복토 등을 하기 수월합니다.

어떻게 관리하나요?

☀ **빛** : 아주 강한 해를 좋아하는 율마는 햇빛이 부족하면 잎 색이 덜 예쁘고 잘 자라지 않습니다. 최대한 해가 좋은 곳에서 키웁니다.

💧 **물** : 과습이 아닌 건조를 조심해야 합니다. 잎이 부들거릴 때나 겉흙이 바싹 마를때까지 기다리지말고 2일 정도마다 아주 흠뻑 많이 줍니다. 주로 2리터 정도의 페트병 등에 물을 받아서 한 번에 흠뻑 부어주기를 권합니다. 호스로 물을 주면 생각보다 양이 적고 양을 가늠하기 어렵습니다.

🌱 **흙** : 물빠짐이 너무 빠른 마사보다 일반 분갈이 흙만 사용하면 좋습니다.

2. 율마 손질하기 / 수형만들기

율마 기본 손질하기

• 뿌리 위, 흙과 가까운 부분 손질하기 : 물을 줄 때는 물론 속까지 공기가 잘 통하게 꼭 잘라줍니다.

• 맨 윗부분 정리하기 : 율마는 목질화되지 않은 부분에 생장점이 모두 분포하고 있습니다. 특히 가운데, 위로 뾰족하게 많이 나온 줄기는 생장점이 더 활발해지므로 조금 잘라줘야 골고루 통통하게 자랍니다. 윗부분을 잘라주지 않으면 위로 자라는 율마 특성상 길게, 길게 키만 커서 바람 등에는 넘어지기도 쉽습니다. 뾰족한 윗부분을 자르면 더 균형있게 성장하며 키가 큽니다.

• 속가지 정리하기 : 어린 율마가 점점 성장해 통통해지면 속줄기도 꽉 찹니다. 율마 크기와 잘 자라는 상태를 본 후 손으로 속부분도 조금 벌려서 너무 빼곡한 줄기 솎아내듯 잘라야 더운 여름 등에 공기가 안통해 마르는 부분을 예방할 수 있습니다.
자를 부분이 없는 율마는 물과 햇빛으로 건강하게 키우고, 반면 잘 자라는 율마 중에 손질이 필요한 것들은 적당한 시기에 아까워하지 말고 손질해서 건강하게 키우세요.

• 복토하기 : 율마가 잘 자라고 있고 그 전보다 흙 물빠짐이 빠르다면, 복토를 해줍니다. 복토를 하면 보습력이 높아져 율마 성장에 좋습니다.

손질한 율마

알아두면 좋아요

간혹, 가운데 맨 윗줄기를 자르면 키가 안 큰다고 하는데 아닙니다. 그 자른 줄기만 안 크는 것입니다. 정확히 표현하면 자른 그 줄기 빼고 전체적으로 함께 균형있게 키가 자랍니다.
왼쪽 율마도 자른 후 전체적으로 키가 함께 자라고 있는 모습입니다.
적당한 시기에 알맞은 가지 손질은 율마를 더 건강하고 예쁘게 잘 자라게 합니다.

율마 수형만들기

방법(순서) : 아랫쪽 줄기 - 맨 윗부분 - 옆 중간 줄기 - 속줄기부분 - 전체 모양 보며 손으로 여린 순따기

자르기 전에

- 체크 : 율마 크기나 아래 기본 가지의 구성 등에 따라서 달라집니다. 꼭, 율마 형태, 아래 줄기 따라 다르므로 잘 살핀 후 손질 합니다. 원 줄기나 자란 시간 등에 따라 모양이 외대로 곧을 수도, 여러 목대가 있을 수도 있습니다. 또 동그란 막대사탕 모양이 만들어지는 것도 있고 그렇지 않은 것도 있습니다. 율마 손질 경험이 많지 않다면 잘 살펴본 후 신중하게, 조금만 자릅니다.

- 도구 : 정원용 가위를 이용해 굵은 줄기는 자르고 연한 순만 손으로 땁니다. 간혹 가위를 이용해 줄기를 자르면 잘못된다고 하는데 그렇지 않습니다. 가위를 사용해도 자른 부위 수액이 끝에서 살짝 마를 뿐 이상 없습니다.

- 살펴본 후 자르기 : 아랫쪽부터 뿌리와 가장 가까운 부분의 중심을 살핀 후 조금씩 자릅니다. 그 다음 윗부분 중 가운데를 잘라줍니다. 한 번에 많이 자르면 안됩니다. 자신이 없다면 아랫쪽만 통풍이 되게 조금만 자릅니다.

1. 비교적 좋은 수형의 율마입니다. 중심대가 하나로 굵게 있어 조금만 손질하면 될거 같아요.
   아래를 자르지 않으면 겨울에 실내에 들였을 때 통풍이 되지 않고, 맨 위 성장점 가장 활발한 줄기 위주로 삐죽 마른듯 키만 자라요.
   그래서 아래와 위를 조금만 자르면 됩니다.
2. 아랫쪽 줄기 손질 후, 윗줄기 손질
   동그란 형태로 할지, 위로 좀 길게 키울지 정한 후 자릅니다.
3. 아래 줄기와 윗 줄기 자른 직후
4. 맨 위 가지 자른 후 모양 보며 주변 중간 가지를 자릅니다.
   중간 굵기 줄기도 꼭 가위로! 손으로 뜯으면 손상이 오고 잘 잘리지 않아요
   이제 가위를 놓고 모양을 보면서 손으로 연한 순을 따주며 모양을 봅니다.

03 율마 삽목하기

    율마 삽목은 다른 식물에 비해 시간도 오래 걸리고 성공률은 좀 낮은 편입니다. 하지만 가지치기 후 생기는 줄기로 부담없이 삽목해서 뿌리가 나는 어린 율마를 키우는 즐거움은 또 새로워요.

삽목성공 후 3년 정도 성장한 율마

1

2

3

4

1. 율마 삽목은 너무 굵은 줄기보다 조금 가는 줄기로, 잔줄기를 자르고 합니다. 비교적 곧은 가지를 골라 맨 아래를 사선으로 자릅니다.
2. 아래 줄기는 잘라줍니다. 너무 많은 줄기로 삽목하면 성공률이 더 낮아집니다.
3. 화분에 심어 밝은 그늘에 둡니다.
4. 흙이 너무 건조하지 않게 물을 줍니다.

손상율마 관리하기

손상된 율마는 먼저 그 원인을 파악, 살펴본 후 손상 줄기를 자르고 필요하면 분갈이와 키우는 장소를 변경합니다.

꽃집에서 가져온 손상이 심한 율마의 관리 전 모습

관리로 손상이 회복된 율마 : 율마는 물부족과 잔줄기 사이에 통풍이 잘 안되면 금세 손상이 옵니다. 완전한 손상이 아니라면 손질과 분갈이 후, 해 좋은 곳에 두고 물을 잘 주면 회복이 가능합니다.

보습력이 좋은 흙을 이용한 분갈이

손상 줄기 자르기

분갈이와 손상가지 손질 후 모습

05 늘푸른 율마 숲, 그 특별한 행복

율마와 풍산개 녹색이

율마와 오래 함께 하고 싶어요!

- 계절별 관리팁 : 율마는 휴면기가 없습니다. 사계절 잘 자라므로 겨울에도 물 양을 일부러 줄이지 않아도 됩니다. 여름에는 율마 속 빽곡한 잎이 통풍이 안 돼 속 갈변이 올 수 있으므로 너무 촘촘한 속잎은 살펴보고 자릅니다

- 야외 율마 관리 팁 : 해와 바람이 좋은 야외에 놓고 율마를 키운다면 6~9월에는 아침·저녁으로 물을 주거나 물을 아주 많이 줘야 햇빛에 줄기가 손상되지 않고 건강합니다.

화사함 가득, 꽃향기 정원

사계절 다르게 만날 수 있는 꽃은
가드닝에 새로운 변화를 주며 눈도 마음도 행복하게 합니다.
또, 잎을 보는 관엽식물과 달리 저마다 다른 개성과 향기로 일상의 에너지가 되기도 합니다.
노란 빛깔로 겨울 바람 밀어내고 찾아오는 수선화,
부드러운 아침 햇살을 닮은 꽃 튤립,
꽃송이마다 가득한 어여쁨이 있는 프리뮬러,
너무 짧게 피어 손을 흔들며 누군가와 헤어짐의 순간같은 아쉬움을 주는 꽃 크로커스,
스치면 차가운 종이들이 서걱이는듯한 소리를 내는 종이꽃,
그 향기로 기분 좋은 두근거림의 히야신스는
사랑하는 사람과 함께 하고 싶은 꽃이에요.

01

봄에 느끼는 가을향기,
춘절국

가을에 꽃을 피우는 국화와 달리 봄에 꽃을 보여주는 춘절국이에요.
꽃은 아주 사랑스러운 모습으로 아래 잎은 얼핏 쑥갓을 닮았어요.

어떻게 관리하나요?

☀ **빛** : 춘절국은 햇빛을 좋아합니다. 꽃봉오리가 생기는 초봄부터는 특히 해가 아주 좋은 곳에 두고 키워야합니다. 빛이 적으면 꽃봉오리도 작고, 꽃 고유의 색상을 보기도 어렵습니다.

💧 **물** : 꽃이 피기 시작하면서부터는 물을 아주 흠뻑 많이 줘야 합니다. 아래쪽 잔잎은 꽃봉오리 없는 쪽을 골라서 따줘야 아랫잎이 통풍이 잘 됩니다. 그러면 누렇게 뜨거나 마르는 현상을 예방할 수 있습니다.

카랑코에 홑꽃

카랑코에는 다육질의 꽃식물로 그 종류도 많고 풍성한 겹꽃은 봄부터 꾸준히 사랑받는 식물입니다. 컬러도 다양해서 일반 가정은 물론 카페나 상업공간 등에 몇 포트 놓으면 분위기가 화사해집니다. 꽃이 피었을 때는 흙에 물을 흠뻑 주고 꽃이 시든 후 꽃대를 바짝 자르고 밝은 해가 있는 곳에서 조금 건조하게 키웁니다.

03 예쁜 봄꽃,
목마가렛

봄꽃들 중 그 어여쁨에서 결코 빠질 수 없는 꽃이 바로 목마가 렛입니다. 목마가렛은 초롱꽃목 국화과에 속하는 여러해살이 식물 로 아프리카 카나리아섬이 원산지에요. 그 종류도 색감도 다양합 니다. 장소나 물 관리에 따라서 또 목마가렛 종류에 따라 여름까지 꽃을 길게 볼 수 있다는 장점이 있어요.

어떻게 관리하나요?

☀ 빛 : 햇빛 좋은 곳에 두고 키웁니다. 햇빛과 바람이 부족하면 꽃이 활짝 피지 않고, 진딧물도 많이 생깁니다.

💧 물 : 물은 아침 저녁으로 많이 줍니다. 특히 꽃이 핀 후는 물이 부족하지 않아야 꽃을 오래 볼 수 있습니다.

🌱 흙 : 일반 분갈이 흙을 사용해, 비교적 넉넉한 화분에 심으면 좋아요.

✈ 관리 : 시든 꽃대는 바짝 잘라줍니다. 아래 잎도 바람 잘 통하게 조금 잘라줍니다.

🌱 알아두면 좋아요

꽃봉오리가 생겼는데 꽃이 피지 않고 말라버
린다면, 햇빛이나 물이 부족할 가능성이 높습
니다.
실내라 빛이 적은 곳이면 손상 꽃봉오리를 자
른 후, 해 좋은 곳이나 야외에 둡니다. 야외라
해는 좋은데 꽃이나 꽃봉오리가 빨리 시든다
면, 화분이 작고 물이 부족한 경우입니다.
꽃 색상따라, 환경따라 차이가 있지만 목마가
렛은 물과 햇빛 등 기본 관리만 잘하면 2~3월
부터 시작해 7, 8월까지 꽃을 볼 수 있습니다.

목마가렛은 색상따라 꽃의 풍성함도 다릅니다. 깔끔한 느낌의 흰꽃은 다른 색상에 비해 비교적 꽃을 더 길게 볼 수 있습니다.

겹겹의 잔꽃잎이 특징인 겹목마가렛 꽃

시든꽃대는 바짝 잘라줍니다. 그래야 새 꽃봉오리가 더 잘 생깁니다.

04

푸른 낭만의,
무스카리

　구근 식물인 무스카리는 포도송이가 알알이 매달린 것 같기도 하고 작은 종이 오밀조밀 모여있는 듯한 그 푸른 꽃이 사랑스러워요. 꽃이 절정으로 피었을 때는 그 향기도 참 좋아요.
　귀엽게 달린 꽃송이를 보고 있으면 푸른 바다가 생각나기도 합니다.

꽃봉오리 올라올 때도 그 모습 예뻐요.

무스카리를 심은 봄수레.

활짝 핀 무스카리는 날이 더워지고 꽃이 시들면 줄기와 잎을 제거한 후 시원한 곳에 보관합니다.

05

저마다 개성다른,
프리뮬러

앵초과에 속하는 프리뮬러는 추운지역이 원산지에
요. 여러해살이 식물이지만 초봄에 꽃이 예쁘게 핀 후
는 더위를 견디기가 쉽지는 않아요.

하지만 한여름 더위에 잘 관리하면 예쁜 꽃을 해마
다 볼 수 있습니다. 연분홍, 보라, 빨강, 노랑, 흰색 등
저마다 개성다른 프리뮬러 꽃은 취향대로 선택해 키우
는 즐거움이 큽니다.

모아서 심어도 좋고 색상별로 따로 심어 그 화분을 실내에 잠깐씩 둬도
긴겨울 끝에 화사함 느낄 수 있어요.

06
사랑의 향기,
히야신스

사랑에 향기가 있다면 바로 히야신스가 내뿜는 그 강하고 부드러운 향이 아닐까, 꽃을 볼 때 가끔 생각해요. 양파모양 구근에서 여름과 가을을 조용히 보내고 겨울 끝자락부터 부지런히 꽃을 준비하는 히야신스는 그 한 송이로도 매력이 정말 충분하죠.

꽃이 활짝 피면 강한 햇빛을 피해 반그늘에 놓고 물은 흙에 흠뻑 잘 주면 꽃을 조금 오래 볼 수 있어요. 꽃이 진 후는 꽃대 바짝 자르고 시원한 곳에 보관합니다.

구근식물은 대체로 봄에 꽃을 피우는 종류가 많아요. 꽃이 핀 후 꽃은 물론 잎도 시들어 휴식기에 접어드는데 이때는 꽃대와 줄기까지 시들면 죽었다고 생각해 버리는 경우도 생겨요. 잘못된 게 아니라, 휴식기이므로 그 뿌리를 잘 보관해 겨울이나 초봄에 다시 심습니다.

구근식물(알뿌리식물) 보관하기

- 늦은 봄 꽃이 지고 난 후 구근식물의 마른 줄기와 잎을 잘라 낸 후 알뿌리를 캐서 보관합니다

- 락스 등을 희석한 물에 담궈서 소독처리를 한 후 보관하면 병충해나 무름 방지 등이 됩니다. 그 과정이 번거로우면 시원한 베란다 등에 그냥 두어도 상관은 없습니다.

- 구근은 바람이 잘 통하는 서늘한 곳에 보관해 둡니다. 양이 너무 많을 때는 종이상자에 넣고 보관하면 좋아요. 휴면중이지만 숨을 쉬므로 밀폐된 용기나 비닐은 적합하지 않아요

구근식물 보관하기, 다시 심기

1. 바람이 잘 통하는 자루에 담아 보관합니다.
2. 다음해 초봄에 다시 심습니다.
3. 히야신스, 무스카리, 수선화, 크로커스 등 다양한 구근이 있는 봄날은 화사합니다.

크로커스 꽃. 구근식물 중에서 비교적 짧은 기간 꽃을 피웁니다.

튤립은 꽃이 활짝 핀 후 강한 해를 피해 반그늘에 두면 꽃봉오리 벌어짐이 적어 예쁜 모습을 볼 수 있어요.

07

행복이 몽글몽글,
바이올렛

제비꽃과의 여러해살이 식물인 바이올렛은 마니아가 있을 정
도로 많이 사랑받는 꽃입니다. 미니바이올렛부터 시작해 다양한
개량종이 유통되고 있습니다.

햇살 좋은 날 우드트레이에 꽃과 다른 소품을 함께 내 놓으면
그걸 보는 걸로도 행복이 몽글몽글 가슴에 스며듭니다.

08
꽃이 사랑스러운,
오렌지샤워베고니아와 팝콘베고니아

베고니아도 종류가 다양합니다. 저마다 개성과 멋도 다르지만 특히 오렌지샤워베고니아와 팝콘베고니아는 꽃이 사랑스러워요. 베고니아들이 대체로 과습과 더위에 약한 편이에요. 무난히 잘 크는 종류도 있지만 조금만 환경이 안맞아도 녹아내리듯 손상오는 것도 있어요. 베고니아를 처음 키운다면 특성을 알고 수월한 종류로 시작하면 좋아요.

줄기 끝에 늘어지듯 달린 오렌지빛깔 꽃이 사랑그러운 베고니아에요. 흔히 오샤베라고 부르는 이 아이는 꽃집 사장님께 선물받아 오래 키우고 있어요.

휴면을 하며 겨울을 보내기도 하는데 이때 줄기와 잎을 거의 감추듯 말리고 흙속에서 흔히 '주아'라고 불리는 것만 보호하며 지냅니다. 얼핏 마른 줄기와 흙만 보여 잘못되었나, 생각할 수 있습니다. 하지만 봄되면서 주아에서 새싹이 나오고 예쁜 잎에 이어 꽃까지 볼 수 있으므로 잘 두면 됩니다.

오렌지샤워베고니아는 너무 강한 햇빛보다 밝은 창가 등에서 키우면 좋습니다.

물은 바싹 말랐을 때 줍니다.

탐스러운 꽃봉오리가 매력인 팝콘베고니아는 장마나 더위에 약한 편입니다. 밝은 빛이 있고 통풍이 잘 되는 장소가 좋아요.

카멜레온같은 변신의 빛깔,
란타나

09

더운 열대 아메리카가 원산지인 란타나는 예쁜 꽃으로 사랑받는 나무입니다. 하지만 원산지에서는 잡초로 취급받을 만큼 흔하게 여겨졌습니다. 보통 꽃이 피면 고유의 한가지 색상만 유지하는 것에 비해 란타나는 꽃봉오리 맺힌 순간부터 다양한 색상으로 변합니다. 그래서 '칠변화'라는 별명도 갖고 있습니다. 빨강, 노랑, 주황, 흰색, 분홍 등 햇빛 양에 따라 다른 빛깔을 보여줍니다. 꽃이 피는 시기 외에도 까슬까슬 초록잎을 볼 수 있는데 잎을 만지면 특유의 향이 납니다. 그탓에 진딧물 등 병충해에 강해요.

어떻게 관리하나요?

☀ **빛** : 햇빛을 많이 받아야 꽃도 피고 색도 예쁩니다.

💧 **물** : 물을 흠뻑 잘 줘야 꽃과 잎이 유지됩니다. 잎표면이 까슬거리면서 끝이 뾰족한데 꽃이 지고나면 잎이 시들지 않게 물 관리를 잘 해야합니다. 만약 시든 잔가지와 잎이 생겼다면 손상가지는 자르고 마른 잎은 털어낸 후 큰 용기에 물을 붓고 화분을 5시간 정도 담궈 저면관수를 합니다.

10 긴 속눈썹을 연상케하는,
덴드롱

긴 속눈썹을 연상케하는 덴드롱은 그 꽃술이 볼수록 개성입니다. 봄이 끝나고 더위 시작될 즈음 꽃을 피우는데 줄기가 2미터 이상 자라는 덩쿨성 식물입니다.

꽃이 핀 후 씨앗이 생기면 그걸 심어서 발아해 자라는 모습을 보면 참 예뻐요.

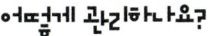
어떻게 관리하나요?

덴드롱은 꽃이 피었을 때 겉흙이 마르면 물을 흠뻑 많이 주세요. 꽃이 피고 나면 흙에만 물을 흠뻑주고 잎에는 스프레이를 해주면 좋습니다. 계속 잘 자라면 타고 올라갈 수 있는 지지대를 해주면 덩쿨로 멋스럽게 자랍니다.

11 풍성함이 좋은,
삭소롬

주로 청보라와 흰색으로 많이 사랑받는 삭소롬은 해를 거듭할수록 그 꽃의 늘어짐과 풍성함이 좋은 식물이에요. 줄기를 꺾어서 심으면 삽목도 잘 되는 편이고 순한 식물에 속해 관리도 쉽습니다. 특별한 관리 없이도 꽃을 볼 수 있지만, 꽃이 없을 때에도 잔털이 보송보송한 초록잎이 싱그러운 식물입니다.

너무 늘어지면 줄기가 무게를 감당못해 꺾일 수도 있습니다. 그때는 줄기를 잘라 흙에 꽂으면 간단히 삽목이 됩니다.

어떻게 관리하나요?

삭소롬은 강한 빛을 많이 받으면 잎이 손상을 입습니다. 강한 해를 피해 밝은 베란다 등에서 키웁니다. 물은 겉흙이 바싹 마르면 흠뻑 줍니다.

삽목으로 키운 삭소롬

삭소롬은 성격이 무난해 키우기 수월한 것 외에도 풍성하게 늘어진 줄기를 잘라 흙에 꽂으면 삽목 성공률도 높아요.

12

좋은 친구와 함께 보고 싶은,
발렌타인 자스민

화사한 꽃이 핀 오후, 그 모습을 꼭 보여주고 싶은 사람이 있으세요? 그렇게 혼자보기는 조금 아까워 누군가 함께 보고 싶은 발렌타인 자스민 꽃이에요.

초록 줄기 끝에서 늘어지듯 핀 보랏빛깔 꽃도 그 향기도 매력적인 발렌타인 자스민이에요. 브라질이 원산지로 원래 이름은 듀란타에요. 빛이 좋고 통풍이 잘 되면 그 꽃이 피고지고를 반복합니다. 꽃에서 초콜릿 향기가 난다고해서 초콜릿 나무라는 애칭도 있어요.

먼 곳으로 떠나는 여행도 좋지만 가끔은 친구와 함께 발렌타인 자스민 꽃이 활짝 핀 화원 나들이 어떠세요? 몽글몽글 보랏빛 감성이 일상에 지친 우리 마음을 기분좋게 어루만져줄거에요.

어떻게 관리하나요?

추위에 약한 발렌타인 자스민은 10도 이상의 온도가 유지되어야 합니다. 좋은 햇빛이 있는 곳에 두고 물은 겉흙이 마르면 흠뻑 줍니다.

13 화사한 노란꽃, 수선화

백합과에 속하는 수선화는 햇살 같은 노란 꽃이 봄을 알려줍니다. 주로 영국, 네덜란드 등에서 많은 품종개량이 이루어져 국내에도 여러 종류의 수선화가 유통되고 있어요. 우리나라에는 방울수선의 일종인 제주수선이 화단용으로 사랑받고 있어요.

수선화는 꽃봉오리 열리기 시작하면 5~15도 정도가 유지되어야 화사한 꽃을 풍성하게 볼 수 있습니다.

어떻게 관리하나요?

새순이 올라오고 완전히 자라기전 빛이 부족하면 줄기가 가늘고 힘이 없어 꽃대가 자꾸 쓰러져요. 빛이 좋은 곳에서 키우면 꽃도 풍성하고 색감도 선명합니다.

14

물을 좋아하는,
수국

작은 꽃들이 모여서 하나의 큰 꽃볼을 완성하는 수국은 봄부터 한여름까지 풍성하게 볼 수 있습니다. 산수국부터 시작해 다양하게 개량된 종류가 많아서 정원용으로, 또는 집이나 상업 공간 등 그 특성따라 선택해 키우기 좋은 꽃나무입니다. 학명이 그리스어로 'Hydrangea(물)'이라는 뜻일 정도로 꽃이 피면 물을 좋아합니다. 그 특성을 알고 관리하면 더 오래 예쁜 수국의 아름다움을 함께 할 수 있습니다.

수국은 종류따라서 약간 차이가 있지만 키우는 사람에 따라서 꽃을 1~3개월까지 볼 수 있어요. 어떤 수국은 한달이 채 안돼서 지기도 하고 길게는 3개월까지 변함없이 꽃을 볼수 있어요.

어떻게 관리하나요?

수국은 건조하면 꽃이 금세 시들어 오래 보기 어려워요. 위치와 흙 상태에 따라 약간 차이가 있지만 넉넉하게 큰 화분에 심었다면 3~5일에 한번 흙에 흠뻑 물을 아주 많이 주세요. (흙과 뿌리가 흡수하고 남아서 아래로 흘러넘치도록 많이요)
깻잎 모양을 한 잎이 아래로 힘없이 처지면 물이 부족한 것입니다. 흙에 듬뿍 주세요.

15

그리움을 부르는,
페라고늄 랜디

우리를 설렘이라는 감정으로 이끄는 것들은 참 다양합니다. 그 설렘은 반복되는 일상을 살아갈 에너지를 주기도 하고 순간의 행복을 불쑥 선물처럼 안겨줍니다.

도서관에서 대출한 식물 서적에서 랜디꽃을 처음 봤어요. 랜디… 랜디… 이유없이 그 단어가 주는 느낌이 참 좋았습니다. 뭔가 아련한 그리움을 불러일으키는 특별한 느낌이었다고나 할까요. 그래서 무작정 '키워보고 싶다'는 생각으로 온라인에서 아주 작은 걸 주문해 베란다에서 5년째 키우고 있어요.

주로 흘러내리는 성격의 랜디는
조금 높이 올려서 키우면 그 특유의 늘어짐을 느낄 수 있어요.

일반 제라늄이 사계절 내내 꽃을 피우는 것과 달리 랜디는 주로 봄 한 철만 꽃을 피웁니다. 색상은 분홍빛이 더 짙은 것부터, 오렌지 색상, 자주빛 감도는 색상 등 여러가지입니다.

꽃은 환경따라 차이는 있지만 해가 잘 드는 곳에서 키우면 대체로 초봄부터 본격적인 여름이 시작되기전까지 풍성하게 볼 수 있습니다.

랜디가 핀 봄날, 아름다운 모습에
특별한 한 사람을 생각하는 시간은 설렘이죠.

16

두 손 가득,
안개꽃

두 손 가득, 안개꽃 한 번 안 들어 본 사람이 있을까요? 생일, 졸업, 입학 등 많은 축하 행사에 빠지지 않는 안개꽃은 햇빛 좋은 창가에서 화분으로 키워도 새롭습니다.

돔철망토분과 안개꽃

17 사랑스러운 꽃, 카라와 엑사쿰

꼭 눈물을 흘리는 것 같기도 하고, 보는 사람에게 시원함을 주려고 신비한 능력을 보여주는 것 같기도한 카라에요.

어떻게 관리하나요?

카라는 덥고, 건조한걸 싫어해요. 강한 햇빛이 있는 장소를 피해서 반그늘에서 키우는게 좋아요. 더위 뿐 아니라 추위에도 약하므로 겨울에는 실내로 들여서 키우세요.
카라 잎끝에는 물방울이 항상 맺혀있는데 어느날 평소와 달리 잎한 곳에만 물방울이 맺혀있다면 카라가 목마르다는 신호니까 물을 주세요. 물 주고 얼마되지 않아 다시 물방울이 잎끝에 달려요. 물을 줄때는 꽃과 잎보다는 흙에 주세요. 가끔 잎에 먼지가 있다면 너무 세지 않은 물줄기로 씻어주세요. 카라는 나무종류가 아닌 연한 잎줄기라서 센 물줄기를 싫어해요.

꽃잎 끝에서 떨어지는 떨어지는 물방울까지 사랑스러운 꽃 카라. 흰색, 노랑, 자주, 보라… 다양한 색상과 모양으로 사랑받는 꽃이죠.
길게 뻗어올린 줄기와 잎사이로 꽃을 피워서 잎끝에 물방울을 매달고 있다면 화분흙과 공기중 습도가 적절하다는 의미이기도 해요.

 엑사쿰

귀여운 잔꽃이 사랑스러운 엑사쿰은 은은한 보랏빛과 흰색을 함께 놓고 키우면 그 꽃을 보는 즐거움이 더 큽니다. 강한 햇빛을 피해 밝은 곳에서 예쁜 꽃을 볼 수 있습니다.

화분 위 이야기가 있는 **미니어처정원**

미니어처정원은
키우고 있는 식물의 크기와 특성에 맞게 캐릭터인형, 소품 등을
내가 원하는 대로 놓아 새로운 분위기를 연출하는 것입니다.
취향따라 그 나무 특성이나 계절따라 내가 내고 싶은 분위기에 맞게,
갖고 있는 소품에 맞게 놓으면 이야기가 있는 미니어처정원이 완성됩니다.
단순하지만 창조적이고 내가 원하는대로 언제든 교체하고 꾸밀 수 있어 더없이 즐거운 가드닝이죠.
미니어처 정원용 액세서리가 따로 판매되고 있지만
꼭 정원용 액세서리가 아니라도 작은 조약돌, 소라 등
제한없이 다양하게 사용해서 나만의 정원을 만들 수 있습니다.
주의할 점은 식물 특성을 고려하지 않고 장식에 너무 집중하면
자칫 식물관리가 어려워질 수 있으므로
그 점을 고려해서 장식을 합니다.

화분 위 작은 정원,
미니어처정원

미니어처정원 요소

- 식물선택 : 미니어처 용으로 정해진 식물이 따로 있지 않지만 물을 너무 많이 좋아하거나 성장이 너무 빠르지 않으면 더 좋습니다.

- 화분선택 : 아래에서 위로 좁아지는 항아리 형태 화분보다 아래에서 위로 넓어지는 형태나 실린더형, 넉넉한 사각형도 좋아요.

- 장식품 : 캐릭터 인형, 울타리, 소라, 미니토분 등 다양하게 활용할 수 있고 계절따라 소품을 달리하면 더 좋습니다. 특별한게 아니라도 자갈, 화산석, 미니토분 등 있는 소품을 활용해서 취향대로 꾸미면 됩니다. 소품은 물이 닿아도 손상이 없는 걸로 해야 물을 손쉽게 줄 수 있습니다.

소사나무 미니어처정원

베란다에서 키우는 소사나무, 작은 나무를 구입해 오래 키우고 있어요. 마사를 섞어 심어주면 더 잘 자라는 소사나무 특성상 화분이 작으면 물부족이 와서 잎이 말라 떨어지고 잔가지는 말라 버리니 주의하세요.

어떻게 관리하나요?

☀ 빛 : 아주 밝은 곳이나 직광의 해에서 웃자람없이 보기좋은 모습으로 잘 자랍니다.

🌊 물 : 물이 부족하면 잎이 말라 금세 떨어집니다. 마사토의 양을 감안해 물은 자주 넉넉히 줍니다.

🌱 흙 : 분갈이흙에 중간정도 굵기의 마사토를 넉넉히 섞어 사용하면 좋습니다.

✈ 수형 : 목대부분을 굵게해서 분재형식으로 키우고 싶다면 새로 나는 잔가지들을 잘라가며 키우면 줄기가 굵어집니다.

화분 크기가 넉넉하다면 캐릭터 인형, 나뭇가지, 소라, 미니식물 등 다양하게 활용할 수 있습니다.

미니어처 정원 꾸미기

위는 세척된 중간굵기 마사로 1cm 정도 마무리합니다.

나뭇가지를 잘라 울타리 느낌을 냈습니다.

준비한 화산석과 여러 재료를 적절한 위치에 배치합니다.

계절에 따라 어울리는 소품을 선택해 다양하게 연출합니다.

아레카야자 미니어처정원

02

아레카야자는 미국항공우주국(NASA)에서 밀폐된 우주선 안의 공기 정화를 시키기 위한 공기정화능력 우수식물 50가지 중에서 1위를 차지한 식물입니다. 아레카야자가 클수록 하루동안 내뿜는 수분의 양도 많아 가습기 역할도 합니다. 실내 환경에서도 키우기 좋아서 일반 가정은 물론 상업공간의 그린인테리어로도 좋아요.

아레카야자를 심은 사각화분 위에 작은 알로에 미니화분과 가든픽, 소품 등을 이용해 미니어처정원을 꾸몄어요. 이런 소품은 TV 옆이나 책상 등에 놓기 좋아요.

어떻게 관리하나요?

온도가 15도 이상 유지되는 곳이 좋아요. 강한 햇빛을 피해 밝은 곳에 두고, 물은 겉흙이 바싹 마르면 흠뻑 줍니다.

무륜주 선인장 미니어처정원

멕시코가 자생지인 무륜주는 굴곡 있는 능이 10개 이상 모여 위로 자라는 기둥선인장입니다. 환경이 맞으면 높이가 5미터 이상, 10미터까지도 자랍니다. 일반 가정이나 카페 등 상업공간에서는 중소형을 토분에 심어 놓으면 멋스럽습니다.

물 주는 횟수가 적어 건조한 상태로 유지되는 선인장은 미니어처정원을 꾸미기 더 좋습니다. 피규어와 소품 등은 가끔 교체하면서 분위기를 바꾸면 성장이 더뎌 비슷한 모습의 선인장을 좀 더 새로운 분위기로 볼 수 있습니다. 집 뿐만 아니라 사무공간이나 카페 등에는 인테리어 효과도 좋습니다.

귀면각 같은 큰 기둥 선인장 화분은 다양하게 꾸미고 활용할 수 있어요.

고양이버스와 메이가 탄 수레

04 황금짜보와 미니어처정원

일본이 원산지로 알려진 독특한 이름의 짜보는 측백나무과에 속하는 미니편백입니다.
성장은 느리지만 사계절 변함없이 촘촘한 잎을 보여주는 것이 매력인 황금짜보는 키울수록 해를 거듭할수록 매력을 더 느끼게 되는 식물입니다.

장식품은 취향대로 선택해 꾸밀 수 있지만 너무 많은 종류보다 몇가지로 한정하면 깔끔하면서 나무 고유의 느낌도 살릴 수 있습니다.

작은 화분에 꾸민 황금짜
보 미니어처정원은 다른식물
과 적절히 배치하면 공간을 더
돋보이게 합니다.

편백나무와 측백나무의 차이점

편백나무는 일본이 원산지로 1~3mm 길이의 비늘모양 잎끝이 겹치는 형태
를 하고 있어요. 연녹색의 잎 뒷면에 흰색 기공줄이 Y자 모양이에요. 황금
짜보도 미니편백의 한 종류입니다.

측백나무는 우리나라 충북 단양, 경북 안동과 같은 석회암지대에 천연분포
종이 많아요. 녹색 잎의 앞뒷면이 비슷하며 피톤치드가 많이 나와 정원수와
약재 등 쓰임이 좋아요. 율마를 비롯해 눈향나무, 스카이로켓, 삼나무, 메타
세쿼이아, 노간주나무 등 종류도 다양해요.

어떻게 관리하나요?

☀ **빛** : 햇빛을 좋아합니다. 빛이 많을수록 고유의 잎과 건강한 짜보를 볼 수 있습니다.

💧 **물** : 물을 말리면 잎의 초록색이 갈색으로 변합니다. 물을 좋아합니다.

🌿 **흙** : 배수가 중요하므로 흙은 꼭 마사흙을 많이 섞어 물이 잘 빠지게 합니다.

✈ **물 부족 시** : 물 부족이나 잎 속에 빛 부족으로 갈변된 잎이 있으면 떼어주고 물을 흠뻑 많이 줍니다. 한동안 물을 적게 줬다면 적당한 용기에 물을 넣고 푹 담궈 수분 보충을 넉넉하게 해줍니다.

계절별관리 Tip

• 봄 : 날씨가 따뜻해지면서 잎에서 새순을 준비하고 있습니다. 화분이 너무 작다면 조금 더 큰 화분으로 분갈이를 해줍니다.

• 여름 : 직광의 해, 최대한 해가 좋은 곳에 놓고 키웁니다. 그래야 웃자람이 없고 고유의 색인 황금빛으로 변하기 시작합니다. 성장이 더딘 식물이라 화분도 주로 딱맞는 크기로 많이 하게 되므로 물은 매일 아주 많이 줍니다. 한낮 기온이 30도를 넘어가는 7, 8월에는 한 번씩 큰 물통에 담아 수분섭취를 충분히 하게 합니다.

• 가을 : 날씨가 좋고 온도가 비교적 높을 때는 여름 못지않게 물관리 잘해야 잎 자체 수분과 색상을 유지할 수 있습니다. 자칫 가을에 물을 말리면 잎이 갈색으로 마르고 손상이 옵니다.

• 겨울 : 실내 밝은 곳에 놓고 다른 계절보다 물 주기를 줄입니다. 그동안 잘 자랐다면 속잎 등을 살펴보며 아까워도 가지치기 필요한 부분 가위로 조금 손질해 줍니다.

더디게 자라는 황금짜보지만 적절한 시기에 가지 손질을 하면 겹겹의 황금빛 건강한 잎을 볼 수 있습니다.

행잉플랜트와 에어플랜트

행잉플랜트(Hanging Plant)는
바닥에 자리하는 일반 화분과 달리
공중에 매달거나 벽에 걸어서 키우는 식물을 말합니다.
높낮이를 조절하면 리듬감이 생겨
새로운 그린인테리어의 효과까지 느낄 수 있어요.
다양한 행잉플랜트는 좁은 공간을 활용하는 장점도 있고,
상업공간이나 일반가정 등에서 새로운 장식 분위기를 느낄 수 있어요.
행잉플랜트라고 해서 모든 공간에 걸어서 키울 수는 없지만
식물 종류와 특성에 따라서 배치하면 다양한 효과를 볼 수 있습니다.
자리할 공간의 빛이나 통풍, 물관리 등이 적절한지를 판단한 후
걸어서 키우면 식물도 잘 자라고 보기 좋은
그린인테리어가 됩니다.

01 초록잎이 돋보이는,
립살리스

독특한 형태와 길게 늘어지는 초록잎이 돋보이는 립살리스는 잘 휘기도 해서 갈대선인장이라고도 불립니다. 반그늘을 좋아하며 수분공급이 되지 않으면 잎이 마르므로 물만 잘 관리하면 비교적 키우기 쉬운 걸이식물입니다.

립살리스는 그 종류도 다양해요. 잎이 비교적 가늘게 늘어지는 립살리스 폭스테일부터 립살리스 트리고나, 캣, 핑크, 넓고 평편하고 부드러운 잎의 슈도 등 생김이 다릅니다.

립살리스 슈도

립살리스 트리고나 :
일반 줄기와 달리 각진 모양의 잎이 늘어져 자라는 게 매력입니다.

립살리스 폭스테일 : 모난면 없이 길게 늘어지다가 끝부분에서는 그 줄기가 나눠지며 자라요. 다른 립살리스보다 잎이 가는데 겨울에는 추위에 조금 약할 수 있으므로 베란다보다 거실쪽으로 들이면 냉해를 피할 수 있어요.

립살리스 핑크(Rhipsalis quellebambensis pink) : 두툼한 줄기에 구슬같은 꽃이 달리면 그 매력을 몇 배로
즐길 수 있어요. 꽃이 피었을 때 물을 잘 주면 그 구슬꽃을 더 건강하게 오래 볼 수 있어요.
동글동글 구슬같은 꽃 색상이 흰색인 립살리스 화이트도 있어요.

코코핏 화분의 립살리트 화이트

귀여운 잎으로 사랑받는,
디시디아 화이트, 그린

디시디아는 잎과 모양, 크기, 색상 등으로 구별해 여러 종류가 있습니다. 그 중 디시디아 화이트와 그린은 특히 많이 사랑받고 있어요. 주로 일반흙이 아닌 코코칩으로 뿌리 부분을 감싸서 판매하는 경우는 물관리가 어려울 수 있으므로 용기에 넣어서 걸어 키우면 좋아요.

디시디아 화이트는 좀 길쭉한 듯 통통한 모양에
가장자리로 흰 무늬가 있어요.

디시디아 그린은 잎 가장자리에 흰무늬가 있는
화이트와 달리 초록으로 약간 둥근느낌의 잎을
갖고 있어요.

 ### 타공토분과 수태 활용하기

시중에서 일반 걸이로 판매하는 제품은 물관리에 어려움이 있어요. 타공 토분이나 통풍 잘되는 화분에 식재하면 좋아요.

수태와 타공토분을 준비합니다.

물에 적신 수태를 외부에 꼼꼼하게 두릅니다.

타공토분에 넣어 수태를 더 채우면 수분, 영양
등에 도움이 됩니다.

수태를 물에 적셔, 핀셋으로 구멍 안에 조금 더 넣었습니다. 구멍에 빈 공간이 많으면 건조가 더 빨리 됩니다. 수태도 시간이 지나면 흙처럼
부피가 줄어듭니다. 공간을 꾹꾹 잘 메워주듯 넣고 윗부분에도 수태를 조금 더 채워 수분을 적당히 유지하게 합니다.

작고 귀여운 꽃이 피는,
03 디시디아 버튼

작고 납작한 디시디아 버튼은 토분같은 용기나 나무 등에 잘 달라붙는 등 착생능력도 좋아요. 그래서 물은 다른 종류보다 적게 주며 관리합니다. 직광을 피해 밝은 해가 드는 곳에 걸어 키우면 5~7월 사이 작고 귀여운 꽃이 핍니다. 일반 흙이 아닌 수태 등에서 자라는데 시간이 지날수록 수태의 보습력이 떨어져 물이 부족할 수 있으므로 1년에 한 번 정도는 수태 상태를 살펴보고 보충을 해주면 좋습니다.

04

날개짓을 하는듯한 잎,
박쥐란

박쥐란은 그 이름에서부터 개성이 뚜렷해요. 처음 접하는 분 중에는 이름이 주는 그 독특함 때문에 어색하다고 하는 사람도 있어요.

박쥐란을 키우며 어떤 연관성이 있을까싶어 박쥐에 대해서도 알아보니 박쥐는 조류나 쥐류와 전혀 다른 동물이며, 새처럼 날아다니는 유일한 포유류라고 합니다. 포유류 박쥐의 날개짓을 닮은 듯한 잎에서 얻게된 이름일 뿐 실제 포유류와는 무관한 식물입니다.

오스트레일리아 열대가 고향인 박쥐란은 원산지역에서는 열대우림뿐만 아니라 공원의 나무나 가로수에도 붙어서 자라고 있는 모습을 볼 수 있어요. 박쥐란은 이처럼 나무나 바위 등에서 사는 착생식물입니다. 자연에서는 공중에 있는 습기와 착생지의 수분을 얻어 자라지만 관상용으로 판매되는 박쥐란은 그 특징을 알고 환경에 따른 적절한 관리가 필요합니다.

어떻게 관리하나요?

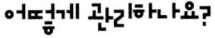

☀ 빛 : 강한 해를 피해 밝은 빛이 있는 곳에 걸어놓습니다.

💧 물 : 물이 부족하면 힘있던 잎이 약간씩 쳐지므로 수태 등이 마르면 흠뻑 줍니다. 수태가 너무 많이 말라 물이 바로 빠지면 물통에 20~30분 정도 담궈 수태가 수분 흡수를 충분히 할 수 있도록 합니다. 온도가 30도 이상의 더운 때는 특히 수태의 빠른 건조로 잎 손상이 올 수 있으므로 7~9월은 수분공급에 신경을 씁니다.

박쥐란은 '외투엽'이라고 불리는 본잎과 '영양엽'이라고 불리는 두 종류의 잎이 납니다. 영양엽은 원래 길죽한 모양의 본잎과 달리 원형으로 양배추 잎처럼 생겨 뿌리 주변을 에워싸며 착생에 도움을 주고 수분유지 역할을 합니다. 그러므로 떼어내거나 손상을 입히지 않아야 해요. 또 외투엽 잎에는 흰가루같은 느낌의 먼지가 묻어 있는데 이건 외부로부터 자신을 보호하기 위한 잔털이므로 닦아내지 마세요.

화분에 식재해도 좋지만 공중에 걸어 키우면 그 특유의 멋스러운 잎을 초록빛으로 기분좋게 볼 수 있습니다.

박쥐란은 온도가 5도 정도인 아열대 지역의 사람 발길이 별로 없는 곳에서 관상용으로 재배되어 수입되는 종류가 많아요. 박쥐란 비푸카텀부터 시작해, 멋진 벽연출용으로 제작된 헌팅트로피 박쥐란 등 종류도 가격대도 다양해요.

 ## 박쥐란 미니, 목부작 만들기

박쥐란은 일반 흙보다 코코칩이나 수태 등에 자리잡고 키우면 더 좋아요. 가드닝용 목부작에 완성품은 가격대가 높은 편인데 갖고 있는 가드닝용 나무가 있으면 걸이로 만들 수 있습니다. 박쥐란 등을 위한 우드 슬라이스나 공중식물용 나무는 온라인 등에 판매되고 있습니다.

✈ 재료 : 박쥐란, 고정용 나무, 수태, 고정용끈(낚시줄이나 가는 굵기 와이어), 물

수태는 목부작 박쥐란 고정을 하고 수분을 유지하는 역할을 합니다. 온라인이나 오프라인 꽃집에서 구입할 수 있는데 주로 압축형태로 판매돼요. 수태는 식물에 좋은 미생물이 많이 포함되어 있어 다양하게 사용할 수 있습니다.

먼저 물에 적신 수태를 감싸서 와이어로 고정해서 수태가 수분 및 영양을 유지하도록 하고 와이어를 이용해 나무에 고정하면 됩니다.
고려할 점은 갖고 있는 나무가 슬라이스 형태인지, 나무의 형태를 유지한 것인지 특성을 보고 만들어줍니다. 그리고 수태의 양 조절을 하고, 물을 주거나 걸었을 때 안정적으로 키울 수 있게 잘 고정합니다.

1. 나무와 미니 박쥐란을 준비합니다.

2. 수태와 와이어도 준비합니다.

3. 수태를 박쥐란에 고정합니다.

4. 와이어로 나무에 고정합니다.

5. 예쁘게 만져주면 완성입니다.

05 잎 모양이 예쁜, 호야 화이트 하트

시중에 많이 유통되는 일반 호야는 키우기도 어렵지 않고 화분이나 수경 등 모두 가능해서 대중적인 식물에 속해요. 특히 하트 잎 호야는 줄기마다 달리는 잎이 독특해서 개성있고 사랑스러운 식물이에요.

이렇게 잎 모양이 예쁜 하트호야는 호야케리라는 원래 이름보다 하트호야로 주로 불립니다. 겨울 추위만 조심하면 다른 계절은 무난하게 예쁘게 볼 수 있습니다. 꽃이 피면 그 꽃이 특히 사랑스러워요.

다양한 색감과 개성의 예쁜 꽃을 자랑하는 식물도 많지만 꽃이 피지 않아도 그 못지않게 예쁜 하트 잎을 가졌습니다.

어떻게 관리하나요?

☀ 빛 : 직사광선보다는 밝은 빛이 있는 곳에서 키웁니다.

💧 물 : 건조에 강한 편이라 물은 겉 흙이 바싹, 마르면 흠뻑 줍니다.

🌱 흙 : 흙은 일반 상토에 가는 마사를 조금 섞어 물빠짐이 좋게 합니다.

✈ 관리 : 하트호야는 일반 호야 종류보다 추위에 많이 약합니다. 냉해를 입으면 줄기부분이 쳐지며 잎이 마치 뜨거운 물에 데친듯 변합니다. 베란다 문 조금 열어둔 사이 새벽 강추위로 냉해 입고 회복이 쉽지 않을 때도 있으므로 겨울에는 거실로 들여서 키웁니다.

뿌리만 물에 잠기게 키우는 수경재배 호야

 호야 다양하게 키우기

시중에는 하트 잎 한 장씩만 판매하는 경우가 많아서 원래 하트 잎만 있는 식물 아니었냐고 하시는 분도 있어요. 사실 하트 호야는 줄기끝에 하트 잎이 달리는 식물입니다. 하트 잎이 예쁘다보니 줄기 끝 그 잎만 잘라 짚풀이나 이끼 등으로 감아 한 장씩 팔아요. 또 잔치 등 기념선물로 선호해 주로 줄기 끝 하트 잎만 유통이 많이 됩니다. 그렇게 잎 하나마다 팔면 가격을 더 받을 수 있다보니 줄기째 있는 건 시중 유통도 적게 되고 가격부담도 있어요.

시중에서 가장 많이 만날 수 있는 이 호야는 화분에 심어서 여러 곳에 놓고 키울 수 있어요.

호야꽃

06

늘어지는 잎이 매력인,
호야 로시타와 룩타오

긴타원형의 도톰한 잎 가장자리를 감싸듯 있는 테두리가 개성인 호야예요. 늘어지는 잎의 모양을 볼 수 있도록 걸이 화분으로 키우면 더 예쁩니다.

호야 룩타오

호야 로시타

얇은 잎이 자라면서 굵고 힘이 생기는 호야 룩타오는 풍성하게 늘어지는 잎이 매력입니다. 일반 화분보다 걸이화분에 심어서 늘어지게 키우면 그 멋스러움을 더 많이 느낄 수 있어요.

07 에어플랜트(Air Plant), 틸란드시아

에어플랜트란 흙에 뿌리를 내리고 사는 일반적인 식물과 달리 흙 없이, 공기 중의 유기물과 습기, 미세먼지를 흡수하며 사는 식물을 말합니다.

수염틸란드시아라고 흔히 불리는 유스네오데스, 이오난사, 준세아, 휴스톤, 세로그라피카, 문라이트, 버게리, 코튼캔디 등 이름을 다 열거하기 쉽지 않을 정도로 많습니다.

준세아

이건 흔히 시중에서 수염틸란드시아라고 불려요. 가느다란 은빛 실줄기 같은 잎이 길게 늘어지며 자라는 공중 식물 중 한 종류에요. 진짜 이름은 유스네오데스에요.

수염틸란드시아가 물을 주지 않아도 잘 자라는건 아니에요. 가끔 꽃집이나 온라인 등에서 공중식물은 아무데나 그냥 두기만 해도 저절로 잘 자란다고 하는 경우가 있어요. 이건 사실과 많이 다릅니다. 적절한 빛과 영양이 필요하고 키우는 장소나 습도 · 온도에 따라서 수분을 공급해야해요.

가느다란 줄기가 밤송이와 성게를 연상시키는 안드레아나.

안드레아나 꽃: 바닥으로 떨어지면 줄기 손상이 있어 새장 소품에서 키워요.

어떻게 관리하나요?

☀ 빛 : 밝은 빛이 있고, 공기가 잘 통하는 곳에 걸어두고 키우면 좋아요.

💧 물 : 키우는 장소의 습도나 계절에 따라 약간 다릅니다. 수염틸란드시아처럼 가느다란 조직은 겨울 등 건조한 계절에 수분관리를 잘 해야 마르는 부분이 없습니다. 7~10일에 한 번 흠뻑 젖게 줍니다.

🌿 코튼캔디와 꽃

🌿 휴스톤과 꽃

닮은듯 다른 코튼캔디와 휴스톤은 꽃 특징으로 구분할 수 있어요.

휴스톤 꽃

트리콜라

카풋메두사

벨루티나

문라이트

분지

틸란드시아는 아래 뿌리쪽을 최대한 공기 중에 노출시켜 통풍이 잘 되게 합니다. 수분 등 기본 영양은 줄기 표면으로 흡수하고 뿌리는 번식에만 작용하는데 통풍이 중요한 역할을 합니다. 용기에 넣는다면 약간 공중에 뜨듯 얹어만 줍니다. 그 부분을 알고 와이어와 구멍토분, 돌 등 다양하게 활용하면 됩니다.

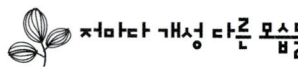

저마다 개성 다른 모습들

물을 준 후는 한번 뒤집어 남은 물을 털어내 주세
요. 그래야 큰잎 사이 물이 고여있지 않아요.

버게리

곱슬곱슬 셀로 그라피카

이오난사

황금 이오난사 드루이드

이오난사 꽃

소품활용 이오난사

유리용기 속의 작은 세계 테라리움

테라리움(Terra-rium)은
땅이나 물가 등에서 생활하는 동·식물을
기르거나 전시하는 것을 일컫는 용어라고 할 수 있어요.
식물을 기르는 테라리움은
용기에 땅의 역할을 할 흙이나 자갈 등과 함께 식물과 소품 등을 넣어
자연을 실내로 옮겨 놓은 듯한 느낌이 들기도 합니다.
내 취향에 맞게 환경에 맞게 테라리움을 만들어
창가나 책상 위 등에 두면 장식효과도 크고
공간 이동이 더 자유로워요.

테라리움 구성 기본 요소

- 용기 : 윗부분이 오픈된 개방형, 윗부분을 뚜껑으로 차단하는 밀폐형 등 투명용기가 필요합니다.

- 식물 : 미니다육, 선인장, 에어플랜트 등 다양하게 키울 수 있습니다. 하지만 한정된 공간이다보니 너무 성장이 빠른 식물이나 물관리를 잘 해야하는 식물 등 용기에서 관리가 쉽지 않은 식물은 피합니다.

- 재료 : 조약돌, 자갈, 숯, 이끼, 조개껍질, 피규어 등 크기와 취향대로 선택 폭이 다양합니다. 자칫 너무 많은 장식물을 사용하면 테라리움 정원의 아름다움을 느끼지 못할 수 있으므로 재료 특성과 균형 등을 고려해 적당하게 활용합니다.

- 용기 선택 : 밀폐형이나 입구가 좁은 용기는 습기 좋아하는 식물에 적합하고 입구가 넓은 형태는 다양하게 꾸밀 수 있는 장점이 있습니다. 조금 단단하고 안정감 있는 용기로 선택하면 충격부담이 적습니다.

🌿 **알아두면 좋아요**

테라리움은 대부분 투명한 유리용기를 사용합니다. 그러므로 일반 식물이나 선인장, 다육 등을 심을 때 혼합상토부터 시작해 컬러흙이나 가는마사, 장식돌 등을 너무 층층이 사용하면 식물의 성장이 원활하지 못할 때 다른 식물로 교체나 활용하기가 어려울 수 있습니다. 또 습기로 인해 유리표면에 얼룩 등이 많이 생길 수 있습니다.
상토 등 흙을 많이 사용하는 것 보다 흙은 최소화하고 세척한 굵은 마사나 조약돌 등을 이용해 식물 비중을 적당히 하고 장식 소품과 함께 시각적인 효과를 고려하면 시간이 지나도 관리와 활용이 수월합니다.

01 산호 테라리움

실제 바닷속에서 살던 산호를 건조해 판매하는 것과 유리볼, 자연 재료를 이용해 테라리움을 만들었습니다. 얼핏 보면 나무같기도 한 느낌이 드는 건조된 산호는 신비한 느낌을 줍니다.

여러 틸란드시아를 넣기 위해 통풍이 잘 되는 재료를 이용했어요.

02 다육식물 테라리움

공중식물처럼 손쉽게 이동할 수 있는 것과 달리 뿌리 식물을 심을 때는 너무 성장이 빠르지 않은 걸로 선택합니다.

다육식물 테라리움 꾸미는법

1. 키가 낮고 성장이 더딘 다육식물을 선택했습니다.

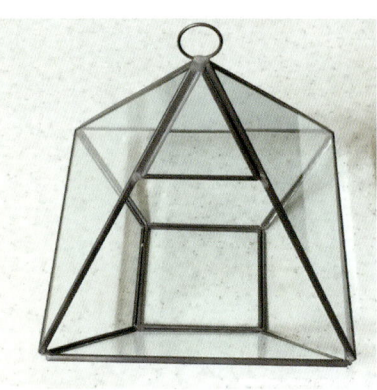

2. 유리용기 바닥에 식물의 보금자리가 될 흙을 넣습니다

3. 뒷부분부터 식물을 심습니다. 윗부분은 세척마사를 올립니다.

03 간단히 만드는 미니 테라리움

별도의 용기가 없이도 물잔, 와인잔 등을 활용해 간단히 만들어도 좋아요. 만약 유리잔이 없다면 입구가 좀 넓고 높이가 낮은 유리용기를 활용해도 됩니다.
간단히 꾸며서 사무실 등 식물관리가 쉽지 않은 곳에 놓기 적합해요.

다양한 유리잔을 이용할 수 있어요.

포장끈이나 레이스끈으로 묶으면 밋밋함을 줄일 수 있어요.

공중식물을 넣는다면 통풍이 잘되고 장식효과있는 돌을 사용하면 좋아요.

04 스칸디아모스 테라리움

천연이끼 스칸디아모스를 활용한 테라리움은 컬러감이 돋보입니다.

스칸디아모스를 이용한 테라리움은 특별한 관리도 필요 없어서 사무공간, 카페 등 어디에도 포인트 소품역할을 합니다. 사람들이 많이 이용하는 곳이라면 유리용기는 좀 더 단단한 제품이 좋습니다.

틸란드시아, 스칸디아모스 테라리움 만들기

- **용기** : 유리 용기는 특성상 외부 충격에 약합니다. 그래서 약한 것보다 조금 두께가 있고, 강도가 있는 것을 선택하면 좋습니다.
- **흙** : 선인장이나 다육 종류의 식물을 식재할 경우는 가는 마사를, 이오난사 등 공중식물을 넣을 경우 굵은 마사와 돌을 사용하면 관리가 더 수월해 좋습니다.
- **방법** : 유리용기는 깨끗하게 세척해 말리고, 마사와 돌 등 원하는 소품과 재료를 함께 놓습니다. 용기안에 넣었을 때 관리 등을 생각한 후 자리잡아주면 끝납니다.

유리볼과 소품, 틸란드시아 카풋메두사, 스칸디아모스 등을 준비했습니다. 스칸디아모스는 너무 많은 양을 넣으면 자칫 강한 컬러감으로 부조화스러울 수 있으므로 색상과 양을 조절합니다. 장식돌과 세척한 중간 굵기 마사에요. 좋아하는 캐릭터의 피규어 등을 넣으면 귀여움까지 연출할 수 있습니다.

먼저 마사를 넣습니다.

자갈, 소라 등을 올려 통풍이 잘되게 배치합니다.

공중식물을 넣는다면 마사에 심듯 붙여 놓으면 공기가 덜 통하므로 최대한 공중에 뜨듯 얹습니다.

개성있는 선인장으로 꾸미는 정원

뾰족뾰족, 동글동글,
개성 가득한 선인장이 어울리는 공간은
정말 많아요.
다양한 선인장의 매력,
한번 느껴보세요.
가시가 좀 부담스러운 종류는 벽 한쪽이나
사람 움직임이 적은 곳에 두고, 반면 가시는 적고 볼륨감이 있는 종류는
집 여러 곳에 두고 키우면 시각적 즐거움도 느낄 수 있습니다

01 선인장 정원

선인장은 단순히 가시가 많고 물을 싫어하는 식물로만 알려져 있습니다. 실제로 선인장은 건조지대나 아열대지방, 고원지대 등 전세계에 다양한 환경에서 15,000여 종 이상이 분포하고, 성질이나 형태도 다양합니다.

그 원산지나 종류에 따라 개성도 달라서 각각 생장기나 휴면기 등을 알고 여름형은 겨울철, 겨울형은 여름철에 물을 줄이거나 조금 더 신경쓰면 집은 물론 상업공간 등 여러곳에 인테리어 효과도 높은 식물입니다.

백도선

무륜주 선인장 주변에 옹기종기

스툴과 선인장

선인장의 종류

- 곧게 위로 자라는 기둥 선인장 종류부터 시작해 볼륨감이 있는 철화까지 다양합니다. 이름과 특성을 자세히 알게되면, 선인장을 좀 더 좋아할 수 있습니다.

- 가시가 좀 부담스러운 종류는 벽 한쪽이나 사람 움직임이 적은 곳에 둡니다. 반면 가시는 적고 볼륨감 좋은 종류들은 집 여러곳에 두면서 키우면 시각적인 즐거움도 느낄 수 있습니다.

- 선인장이 더운 계절을 좋아한다고 생각하기 쉽지만 실제로는 온도와 습도가 높은 여름철을 괴로워하는 선인장이 많습니다. 비가 내리는 장마철에는 통풍에 신경을 쓰고 습해지는 것을 방지하기 위해 물 주기를 조심합니다. 한여름 햇빛에 내 놓으면 강한 해에 화상을 입을 수도 있습니다.

저마다 개성있는,
선인장

선인장 종류가 가시가 많다고 생각하지만, 종류마다 차이가 있습니다. 가시가 거의 없거나 적은 종류도 많이 있으므로 가시 부담으로 선뜻 내키지 않았다면 가시가 적은 종류로 선택해 키우면 됩니다.

02 춘봉철화와 구름새

부채꼴 모양이 마치 구름처럼 퍼지는 모양이 개성인 춘봉철화는 단일 품종이 아닌 접붙이기로 탄생한 것입니다.

접붙이기는 주로 전문농장에서 몸체가 될 기둥모양 형태의 선인장과 접붙일 선인장을 잘라 활착이 될 때까지 관리해서 시중에 유통됩니다.

뭉게뭉게 구름을 닮은 듯한 도톰한 잎의 구름새는 가시는 적고 잎의 볼륨감이 매력적이라 어디서든 시선을 끕니다.

 선인장 접붙이기

춘봉철화 외에도 윗부분의 컬러감이 눈길을 끄는 선인장이 있는데 모두 접붙이기로 탄생한 살아있는 토피어리라고 불립니다.

춘봉철화

 알아두면 좋아요!

기둥선인장과 철화 선인장을 구별해 키우면 좋습니다. 위로 곧게 자라는 기둥 선인장 종류는 밝은 햇빛이 잘 드는 곳에서 키워야 그 형태 유지가 되며 웃자람이 적습니다. 반면 볼륨감이나 자유로운 형태의 철화 종류는 기둥선인장보다 빛 부담이 적습니다.
물론 기본적으로 잘 자라기위해서는 일정 양의 햇빛은 꼭 필요합니다.

구름새와 철화

춘봉철화는 사계절 베란다 한쪽, 밝은 곳에 두고 큰 관리가 없어도 예쁘게 볼 수 있습니다.

03 손가락을 닮은듯한,
왕백단

호리다와 왕백단

 선인장 화분선택

선인장을 심는데 정해진 화분이 따로 있지는 않아요. 하지만 선인장 종류가 대부분 개성이 강한 편이라서 컬러감이 강한 종류나 디자인이 많은 형태보다 단순한 형태, 너무 튀지 않는 색감을 선택하면 선인장 개성을 살리며 볼 수 있어요.

04 기린각선인장과 홍채각

독특한 형태의 기린각 선인장은 단면으로 된 마디 세 개가 연결된듯한 느낌이에요. 빛이 조금 부족해도 웃자람이 적고 고유의 형태를 비교적 잘 유지합니다.

홍채각 선인장은 기린각과 비슷하지만 전체적으로 붉은 빛이 강하고 깃털같은 잎을 갖고 있습니다.

로켓선인장

홍채각

05

빛깔로 느끼는 개성,
금청각

초록과 푸른빛의 조화가 아름다운 금청각은 햇빛을 잘 받고 자라
면 가시가 황금빛 느낌이 납니다.

장마철이나 습도 높은 한여름에는 물을 주지 않고 관리합니다. 간
혹 과습으로 아래쪽이 무른 경우, 무른 부위 윗쪽으로 3cm 이상 자릅
니다. 자른 면이 마르도록 그늘에서 며칠간 건조시킨 후 다시 심습니
다. 심은 후 한 달 이상 물은 주지 않습니다.

 선인장과 햇빛

선인장은 더운지역 식물이지만 기온이 25도 이상인
야외의 강한 해는 피해야 합니다 원예용으로 재배되
어 강한 해에는 화상을 입고 가시 손상이 옵니다.

햇살을 받으면 더 예쁜 빛을 내는 금청각

06
야자수를 떠오르게 하는,
라메리선인장

야자수를 떠오르게 하는 라메리선인장이에요. 마다카스카르 야자, 사막의 야자, 파키포디움 선인장, 패왕수 등 여러 이름과 별명이 있지만 시중에서는 주로 라메리로 불립니다. 라메리는 얼핏 보면 가시로 덮인 아랫쪽과 달리 윗부분은 잎이 나면서 건강하게 자라나 마치 야자나무를 닮은 것도 같은 선인장입니다. 사막의 야자라는 별명이 어색하지 않은 선인장이죠.

백각기린

홍기린

대정기린

설황선인장

자목단 선인장 꽃

성성환

🌿 꽃, 어떻게 피우나요?

일반 식물과 마찬가지로 선인장도 잘 자라서 조건이 맞으면 꽃을 피웁니다.
꽃을 피우기 위한 기본 조건은 햇빛이 아주 좋아야 합니다.

그린웨이

07 여우꼬리선인장과 치치페

보송보송 잔가시를 가득 달고 있는 여우꼬리 선인장이라는 이름으로 불리는 종류가 많이 있어요. 모습은 조금씩 다르지만 저마다 매력입니다.

여우꼬리선인장 꽃

치치페선인장은 표면에 흰 가루 느낌의 색상이 개성있어요. 실내에만 두고 키우면 고유의 색상이 사라질 수 있습니다. 밝은 창가에 두면 특유의 색상은 물론 웃자람 없이 예쁜 모습을 유지합니다. 또, 장식이나 색감이 너무 튀지 않고, 낮고 안정감 있는 형태의 화분에 심으면 치치페 자체를 좀 더 개성있게 볼 수 있습니다.

스파이럴선인장 : 회오리 형태로 자라는 모습이 개성있는 스파이럴 선인장은 창가에 키가 다른 화분으로 나란히 놓아도 귀엽습니다.

용신목은 일자로 자라면서 뿌리 쪽에서 자구가 나오는 종류와 일명 '팔'이라는 다른 개체가 줄기에서 나오는 두 종류가 있습니다. 줄기에 다른 개체가 너무 많을 때는 잘라내서 며칠 건조한 후 다른 화분에 심어서 키웁니다.

08 생활속 선인장 함께하기

자전거 소품과 장군선인장, 잔설령

어떻게 관리하나요?

☀ **빛** : 직광의 해 보다는 밝은 빛이 오래 드는 곳이 좋습니다.

💧 **물** : 선인장 종류마다 성장이나 유지 등에 필요한 물의 양이 다릅니다. 전혀 물을 안줘도 되는 선인장은 없습니다. 계절따라 햇빛 양따라 적절한 물주기를 합니다.

🌱 **흙** : 물빠짐이 좋도록 마사와 펄라이트 등을 적절히 섞어 심어줍니다.

✈ **화분** : 배수가 잘 되는 화분이 좋으며 선인장 크기에 적합한 형태를 선택해 심습니다. 적절한 화분은 과습 등을 예방하는데 도움이 됩니다.

✈ **장소** : 아파트라면 밝은 빛의 베란다가 좋습니다. 겨울에 영하로 내려가지 않으면 큰 문제없이 자랍니다. 실내에 둔다면 해 좋은 낮에 몇 시간씩 베란다에 두면 모양도 예쁘고 더 건강합니다.

선인장 분갈이 시 주의점

가시가 많고 뾰족한 선인장도 있지만 비교적 가시가 적거나 부담없는 종류도 있습니다. 화분에 식재된 선인장이 아닌 플분으로 구입해 분갈이 할 경우 가시가 적어도 손으로 직접 선인장을 만지며 분갈이 하지 않습니다. 신문 같은 부드러운 종이로 감싸서 선인장 표면에 손자국이 남거나 보드라운 털 등 가시에 손상이 생기지 않게 합니다.

🌱 준비물 : 화분, 흙, 신문지 등

🌿 선인장 분갈이 쉽게하기

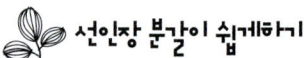

1. 선인장을 새로 옮겨 심을 화분 바닥에 망을 깔고 굵은 마사가 섞인 흙을 넣습니다.

2. 선인장을 기존화분에서 빼내기전 삽 뒷면 등으로 톡톡 두드려 분리 되기 쉽게 만듭니다.

3. 선인장을 감쌀만한 길이와 폭으로 신문을 접습니다. 선인장 크기에 따라 두께와 크기를 정하면 됩니다.

4. 신문이 잘 고정되었으면 힘을 조절하며 화분에서 빼냅니다. 뿌리 등 문제가 없다면 옮겨심을 화분에 자리 잡습니다.

5. 선인장을 신문으로 고정한 채 가장자리로 흙을 넣습니다.

6. 선인장이 화분에 잘 고정되었는지 확인하고 이상이 없으면 세척마사로 윗부분을 마무리 합니다. 분갈이 후 물은 주지 않습니다.

소품과 함께 하는 그린인테리어 감성 가드닝

가드닝에서 소품은
식물을 돋보이게 하는 단순한 역할부터 시작해
공간에 생기를 더하고 에너지를 느끼게 합니다.
또 꽃이 적거나 식물이 휴면기일 때
그 부족함을 채우고 보는 즐거움을 줍니다.
소품은 나뭇가지나 솔방울, 드라이플라워 등
자연물부터 시작해
작은 인형, 유리, 도자기, 틴제품 등
그 소재도 다양합니다.

01 시넨시스와 유칼립투스구니, 골든볼, 드라이플라워

꽃이 적은 계절이나 실내 테이블 등에는 드라이플라워를 활용해 공간에 생기를 더할 수 있습니다. 장소에 따라 유리용기나 화분 등 개성대로 활용하면 좋아요.

노란 골든볼, 색감부터 기분좋게 합니다.

장마철이나 습기 많은 곳이 아니라면 금세 마릅니다. 잘 마른 골든볼은 처음 생화일 때와 큰 차이없이 예쁩니다. 원하는 용도로 간단히 활용하면 공간이나 탁자의 포인트가 되는 소품역할까지 합니다.

골든볼 잘 말리기

• 시기 : 갓 수확한 골든볼이라면 바로 말리기보다 물병에 며칠 꽂아두었다가 말리면 더 좋습니다. 노란 표면이 더 부풀듯 예쁘게 풍성해지거든요. 그리고 그 사이 노란 가루도 다 사라져 더이상 떨어져 내리지 않습니다.

• 길이 : 긴 줄기대로 샀다면 너무 짧게 자르지 말고 좀 길게 말립니다. 줄기를 길게 말리면 나중에 용기에 맞게 다양하게 활용하기 좋습니다.

• 갯수 : 한꺼번에 묶어 말리기보다 갯수를 조금씩 나눠서 말리면 더 좋습니다. 마르면서 줄기나 구 모양의 골든볼끼리 붙어 모양이 손상되지 않게 조절해 묶어줍니다.

• 장소 : 햇빛보다 바람 잘 통하는 그늘에서 줄기 휘지 않도록 말립니다.

보랏빛 은은한 시넨시스에요. 가격이 저렴할 때 많이 구입해 적당한 길이로 아래 줄기를 자르고 소분을 한 후 시원한 곳에서 말립니다. 전용 용액을 사용하면 긴시간 색감 변화없이 오래 볼 수 있습니다.

유칼립투스는 화분에 식재해 키우는 게 잘 자라면 조금 잘라서 말려도 좋습니다.
줄기만 구입해 말리면 항균작용도 되고 다른 드라이플라워보다 장점이 많습니다.

물조리개 픽,
양철제품

　여러 소품 중에서 양철 제품은 베란다 식물을 돋보이게 하면서 은은한 장점이 있습니다. 큰 양철을 화분으로 활용한다면 물을 너무 많이 주는 식물을 피해야 바닥면 등 부식을 줄일 수 있습니다.
　작은 양철제품을 다양하게 만들어 연출하면 식물과 잘 어울리는 소품이 됩니다.

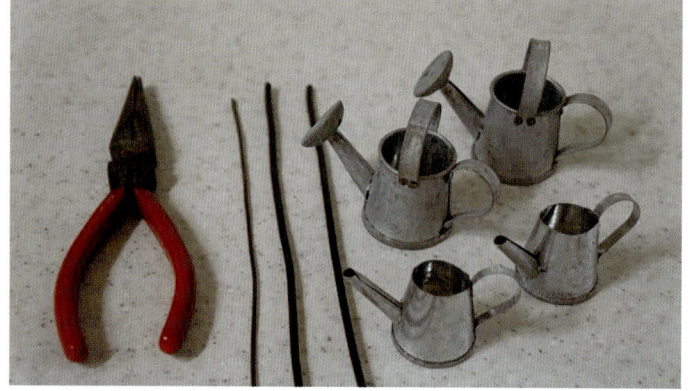

시중에 판매되는 물조리개 소품에 와이어를 이용해 간단히 픽을 만들면 활용도가 높아요.

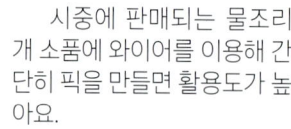

03 나뭇가지스틱 픽

나뭇가지는 쓰임이 다양하고 시간 갈수록 은은해서 가드닝 재료로 유용합니다. 그래서 꾸준히 만들어 활용하는 소품입니다.

공방 등에서 나무를 구하거나 완제품을 구입할 수도 있고 생가지를 그늘에서 건조시킨 후 원하는 용도대로 만들 수도 있습니다. 소품을 만들때는 자연에 오래 방치되 부스러지거나 변색이 심한 것을 피합니다. 아파트 단지나 가로수 가지치기를 할 때 생가지를 구해 그늘에서 건조시킨 후 사용하면 좋습니다.

🌱 나무스틱과 잔가지를 이용한 픽

잔가지와 스틱을 잘라 붙인 후 가드닝 포인트 소품으로 활용합니다.

04 나뭇가지연필 픽

픽은 와이어와 나뭇가지로 작은 연필 모양을 만들어 걸어주면 간단합니다.
중간 정도 굵기와 가는 굵기의 나뭇가지를 비교적 짧은 길이로 잘라 연필모양으로 깎아줍니다. 중간에 심을 표현하고, 끝부분에 홈을 살짝 파서 와이어나 끈으로 걸어줍니다.

🌿 나뭇가지 연필

- 비,바람 등에 노출이 적게된 나뭇가지가 좋습니다. 가지가 잘린 후 비바람 많이 맞은건 만들어도 변형이오고 가루떨어짐 등이 많아서 소품으로 활용이 쉽지 않습니다.

- 비교적 굵은 나뭇가지를 적당한 길이로 자른 후, 문구용 칼을 이용해 깎습니다. 그리고 네임펜으로 연필심을 표현하면 됩니다. 방법은 참 간단하죠.

- 나뭇가지 연필 소품은 나무 조직이 정말 단단해야 예쁩니다.

- 칼로 나뭇가지를 깎을 때 조각이 사방으로 튀므로 조금 밀폐된 장소에서 깎으면 뒷정리가 조금 수월합니다.

나뭇가지를 연필모양으로 깎고 네임펜으로
심을 표현했어요.

가는 굵기에 짧은 길이로 잘라 연필모양을
만든 후, 위에 홈을 파서 걸어줍니다.

솔방울

양철바스켓과 솔방울

도자기 소품 활용

특별한 가공을 하지않아도 그 자체만으로 소품이 되는 솔방울은 가드닝은 물론, 인테리어 소품으로 활용하기 좋습니다. 아파트 단지 등 조경수에서 어렵지 않게 구할 수 있는데 부식이 없고 깨끗한 걸로 건조해 사용합니다. 솔방울은 물론 도토리는 산에서 구한다면 허용된 곳에서만 줍거나 채취할 수 있습니다.

미니토분과
솔방울로 만든 소품

06 목화

건조된 목화는 가드닝 소품은 물론 인테리어 등에도 다양하게 사용되고 있습니다. 시중에는 주로 수확, 건조된 수입제품이 다양하게 판매되는데 긴가지를 구입해 원하는 크기나 용도대로 잘라 활용할 수 있어요.

베란다에 자라는 목화
1년생인 목화는 지인이 옥상에서 씨앗으로 발아해 선물해준 걸 키우고 있어요.

꽃바구니를 활용한 소품

바구니와 에그스톤

유리병에 초와 자연물을 활용한 소품

토분 속 미니토분

07 손잡이 토분

토분은 식물 심는 용도외에도 그냥 두는 것만으로 장식이 되고, 작은 토분은 여러 소품으로 활용할 수 있습니다. 작은 토분에는 와이어를 걸어 걸이 토분이나 손잡이 토분으로 다양하게 쓸 수 있는 장점이 있습니다.

모든 토분에 걸이를 할 필요도 없고 적합하지 않은 토분도 많습니다. 반면 걸이를 해주면 용도가 더 좋아지는 것도 있어요.

손잡이 토분 만들기

1. 토분 지름을 가늠해 와이어를 자른 후 한쪽부터 걸어줍니다.

2. 반대편 손잡이 걸 공간을 남긴 후 토분에 고정합니다.

3. 필요없는 와이어는 자르고 마무리합니다.

4. 걸이가 흘러내리지 않게 안으로 간단히 고리를 만듭니다.

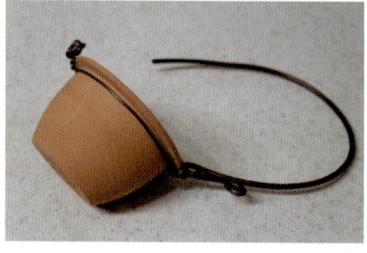

5. 굵은 와이어로 손잡이 및 걸이를 만듭니다.

6. 작은 식물, 소품용 손잡이 토분이 완성되었습니다.

08 사과상자

요즘은 대부분 종이 상자를 이용해 과일이나 물건 포장을 하죠. 아파트 단지 재활용장에서 발견한 사과상자는 그래서 더 눈길이 갔어요. 흔하게 볼 수 없는 나무 상자라 상태를 살펴보고 얼른 가져왔어요. 냄새나 이물질은 없는지 살펴보니 정말 깨끗해요.

간단히 안과 밖을 좀 닦아주고 사포질을 했습니다. 그리고 토분을 넣었습니다.

사과상자와 빈티지 토분

상업공간, 사무공간 등 여러 곳에 어울려요.
유리병 활용하기 / 수경식물 키우기

유리제품도 모양, 단단함, 가격 등에서 많은 차이가 납니다. '유리'라고 하면 투명함과 함께 '깨지기 쉬운 용기'라는 생각이 먼저 들 때가 있습니다. 하지만 단단하고 쓰임 큰 유리 용기는 다양하게 활용할 수 있는 좋은 가드닝 재료입니다.

유리용기 속 선인장과 다육

생활용품점에서 쉽게 구입할 수 있는 비교적 단단한 용기에요.

와이어를 걸면 편리함과 장식효과가 더해집니다.

물을 덜좋아하는 식물로 선택, 통풍효과 좋은 하이드로볼을 이용했습니다.

 유리병으로 만든 소품

시원함 가득, 수경식물

더운 계절은 물론 장소 상관없이 활용할 수 있는 수경재배는 특별히 어려운 것도 없고 적당한 용기와 수경 가능한 식물만 있으면 됩니다.

 ## 수경에 좋은 식물

스킨, 아이비, 미니행운목, 개운죽, 콩고, 후마타, 워터코인 등 다양합니다.

콩고

수경식물 활용하기

재료 : 투명용기, 자갈

포트에서 꺼내 뿌리 흙털기

유리 용기에 자갈과 함께 넣기

가벼운 테이크 아웃잔에도 장식돌 등을 넣고 스킨, 콩고, 개운죽 같은 수경식물을 키우기 좋아요.

10

찻잔에 담은,
초록 감성

어느 추운 날, 카페 창가에 좋은 사람과 마주보고 앉아 후~후 음료를 불던 그 시간이 기억나세요? 그사람이 아직도 좋은 기억 속에 있다면, 그 손 마주잡을 수 있다면 마음 속 나만의 감성곳간은 늘 가득 차 있겠죠.

앤머그와 드리퍼를 활용한 가드닝

가드닝에도 그때 같은 행복한 감성, 담아볼까요?
바쁜 일상 잠시 벗어나, 초록지붕의 앤이 되어 나만의 두근거리는 시간 만들어보세요.

　잘 사용하지 않는 잔을 가드닝 화분으로, 소품으로 활용하면 그 느낌은 일반 용도로 나온 화분과는 또다른 새로움이 있습니다.
　찻잔이나 구멍없는 일반 도자기류는 바닥에 못과 드릴을 이용해 구멍을 내면 좋습니다. 하지만 구멍 내는게 번거롭고 어렵다면 식물 선택을 잘 해서 굵은 마사를 바닥에 깔고 사용해도 됩니다. 이때 식물 특성, 화분 크기, 물주기를 고려하면 됩니다.

찻잔의 다육, 정야

조금 투박한듯한 찻잔이 작고 귀여운 정야를 만
났어요.
뜨거운 차를 담고 있을 때와는 또다른 느낌이죠.

찻잔 활용 Tip

모든 찻잔이 식물 키우기에 적합한 것은 아닙니다. 안정감이 있으
면서 충격에 너무 약하지 않은지 등을 고려 후 활용하면 좋습니다.

찻잔의 타라, 황금마삭

찻잔에 담긴 초록동그라미 필레아는 카페 창가에 있어요.

11

와이어를 활용한 소품

🌿 공예용 와이어의 다양한 쓰임

공예용 와이어는 잘 구부러지고, 비틀거나 꺾어서 자유롭게 형태를 만들 수 있어서 인테리어는 물론 가드닝에도 다양하게 사용할 수 있는 재료입니다. 하지만 생각보다 굵기, 활용하기 등이 다양해 좀 알고 사용하면 쓰임이 효율적입니다.

와이어 기본 알기

- 다양한 와이어 종류 : 일반적으로 '철제' 라고 불리는 스틸 와이어, 비닐코팅 와이어, 동 와이어, 스테인리스 와이어 등 다양합니다. 주로 가드닝과 인테리어에 많이 사용하는 와이어는 알루미늄 와이어입니다. 잘 구부러지고 물 등에 의한 외부 오염이 적어요.

- 와이어의 굵기와 용도 : 와이어 굵기는 실처럼 가는 것부터 매직펜 정도의 굵기까지 아주 다양합니다. 온라인에서는 주로 mm로 표시해 판매하지만 그것도 다른 물건과 비교하지 않으면 어느 정도 굵기인지 알기 어려워요.

- 와이어 색상 선택 : 은색부터 연두, 보라, 자주색 등 다양합니다. 보통은 갈색톤이 많이 쓰이지만 색상은 취향대로 선택할 수 있습니다. 컬러는 알루미늄 와이어에 컬러 코팅을 입혀 색과 광택이 예쁘지만 다른 소재와 함께 쓸 때는 어울림을 잘 고려해야 합니다. 가드닝 소품으로 쓰기에는 브라운 색상이 무난합니다.

- 용도별 굵기 : 와이어 사용에서 중요한 부분을 차지합니다. 원하는 용도에 따라서, 크기와 제품 디테일에 따라서 그 굵기를 잘 선택해야합니다. 굵기가 가늘수록 다루기는 쉽지만 금세 구부러지고 한 번 구부린 건 흔적없이 곧게 펴기 어려울 수 있습니다. 그 점을 고려해 사용합니다.
  간단한 고리 하나 걸어주는게 아니라, 토분이나 유리 용기 등에 걸이나 쓰임을 결정하는 손잡이까지 만든다면 와이어는 서로 다른 굵기 3~4종이 필요합니다.

- 와이어용 도구 : 기본적으로 롱노우즈 펜치, 니퍼, 집게 등이 필요합니다. 굵은 와이어를 일반 가위로 자르면 가위날을 손상시킵니다. 또 와이어를 감았다가 다시 풀면 그 특성때문에 구불거리는 흔적이 조금 남아 처음처럼 곧은 와이어로 다시 사용할 수는 없습니다. 꼭, 적절한 도구를 이용합니다.

와이어를 이용한 하트 틸란걸이

와이어를 처음 사용하는 분을 위한 Tip

굵기 선택부터 시작해, 길이 측정을 못해서 실
패하기도 하고 구부렸다, 폈다 와이어가 낭비
될 수 있습니다. 하지만 그런 다양한 과정을 거
치면서 원하는 용도의 쓰임이나 소품을 만들
수 있습니다.
와이어 공예책과 동영상, 플라워숍의 유료수강
등 여러 방법으로 배울 수도 있어요.

🌱 다용도 와이어 홀더 만들기

🌿 **재료**: 굵은 매직펜 심 정도 굵기, 100cm~120cm 길이 와이어

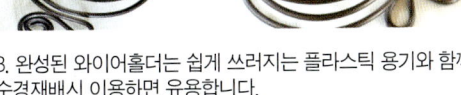

1. 균형을 위해 시작 부분
   을 좀 여유있게 말아줍
   니다.

2. 손에 힘을 주면서 천천
   히 감습니다.

3. 완성된 와이어홀더는 쉽게 쓰러지는 플라스틱 용기와 함께
   수경재배시 이용하면 유용합니다.

🌱 와이어 낭비를 줄이고 원하는 모양을 잘 만들고 싶다면!

굵기를 적절하게 선택하고, 길이 측정을 넉넉하게 잘 해야합니다.
와이어가 굵을수록 힘을, 구부리는 손 끝에 모아 원하는 모양을 생각하며 천천히 감아줍니다. 울퉁거림없이 동그랗게 잘 말리는 모양을 원한다면
특히 더 천천히 힘을 주며 모양을 잡습니다.

12 귀여운 토분인형과 토분종

독일토분으로 만든 소품 토분종

토분을 기본 재료로 만든 토분인형은 귀여운 포인트 소품으로 유명합니다. 가드닝 문화가 일찍 발달한 외국에서 아주 다양하고 개성있게 만들어 집 정원에 자리하고 있는 모습을 보면 참 예쁘죠.

개성있는 토분인형과 토분종은 가드닝 공간 외에 포인트 소품으로 활용하기도 좋아요.

토분인형은 토분크기나 모양 따라, 취향따라 다양하게 만들어 화분과 소품으로 사용할 수 있습니다.

팔이나 다리, 몸체 고정 등에 와이어를 이용했어요. 만들 때
길이조절, 몸체에 넣고 뺄때 어려움은 있지만 다 만들고 나면
깔끔하고 나무 등을 연결했을 때 연결 나무가 빠지거나 하는 일
이 없다는 장점이 있어요.

상·하 팔다리가 될 재료

 토분인형 만들기

🌱 **재료:** 몸체될 토분 2개, 팔과 다리가 될 토분 10개, 와이어 등

1. 미니토분에 와이어를 고정합니다. 작은 토
분이면 팔은 2개 다리는 3개 정도가 적당합
니다.

2. 간격이 생기도록 와이어로 중간에 꼬
임을 준 후 포개듯 넣습니다.

3. 팔과 다리가 되도록 연결합니다

4. 팔부분을 아래 몸체로 연결합니다.

5. 윗몸체를 얹고 다리가 될 부분을 아래 몸체를 통과해 윗부분 몸체로 올려 고정합니다.

 토분 종 만들기

✈ **재료:** 작은 토분, 굵은 마끈, 분필 등

　토분 윗지름은 12cm 이하의 작은 크기를 선택 하면 걸기에
부담도 적고 귀엽습니다
　연결 마끈은 토분과 균형감 있는 굵기를 선택하면 됩니다.
　집에 있는 마끈이 가늘다면 줄을 여러겹 꼬아서 사용하면
됩니다.

토분 종은 마끈과 작은 토분만 있으면 간단히 만들 수 있어
요. 베란다 등에 걸어놓으면 예쁜 소품이 됩니다.

1. 마끈을 느슨한 듯 여러 번 매듭지어, 구멍으로 빠지
　지 않게 구멍 3배 가까운 부피가 되게 묶어줍니다.

2. 윗부분을 적당한 길이로 매듭짓고 어디든 걸
　기 쉽게 와이어 고리를 만들면 됩니다.

4. 와이어를 스프링처럼 말아 소품을 넉넉한 길이
　로 걸면 길이를 늘였다 줄였다 할 수 있어요.
　원하는 느낌으로 소소한 장식 등을 하면 나만
　의 토분벨 소품이 만들어집니다.

3. 장식하기 : 작은 소품에 와이어 연결해 걸어 장
　식합니다.

용신목 선인장과 마끈을 이용한 소품

🌱 선인장 모자 소품 만들기

✈ **재료:** 음료뚜껑, 두꺼운 종이, 글루건, 마끈 등

재료를 준비합니다.

1. 챙이 될 종이를 자르고 위에 음료 뚜껑을 고정합니다.

2. 뚜껑에 구멍을 낸 후 마끈을 통과시킵니다.

3. 글루건을 이용해 원을 그리듯 촘촘하게 말아줍니다.

4. 가장자리까지 마끈을 말아줍니다.

5. 뒷면의 절반정도를 더 말아준 후 마무리합니다.

13 스칸디아모스

스칸디아모스는 천연이끼에 속하므로 가공을 거쳐도 공산품처럼 볼 수는 없습니다. 그리고 키우는 개념이 아니라 보며 유지하는 식물 입니다. 더이상 성장, 번식은 하지 않습니다. 다만 관리 등에 따라 기 간이나 색상 등 좀 더 예쁘게 오래 볼 수 있습니다.

구입할 때는 색상이 선명하며 건강한 것으로 구입해야 합니다. 수입후 지속적으로 상자에 오래 들어있거나 밀봉 기간이 길어 색과 촉감이 건강하지 않은 것은 피해야합니다. 그런 것들은 물이나 통풍 등 다른 방법을 써도 다시 선명하고 건강한 상태가 되기는 어렵습니다.

단일색상보다 3~4가지 선별해 용기에 모둠으로 담은 것은 가격대가 더 높아요. 용도 등을 고려해 잘 선택해 구입하면 됩니다.

액자 등 소품으로 만들어도 좋지만 공기 통하는 용기에 담아 밝고 시원한 곳에 두면 천연소품으로 좋습니다.

어떻게 관리하나요?

천연 가습기 역할을 하는데 과도한 분무는 물론, 물은 절대 주지말고, 직사광선도 피해야 합니다. 별도로 물을 주지 않아도 기본적인 공기 중의 습 도로 색상과 모양이 유지됩니다. 그런데 물을 주 게 되면 아래 뿌리쪽 부분이 썩고 색 유지도 어렵 고 변형이 옵니다.

14 다양한 가든 리스

베란다 가든 공간이나 테이블에 놓는 리스를 개성대로 만들어 활용해보세요. 덩굴식물 등을 건조해 원형, 사각 등으로 판매되는 리스틀을 구매한 후 봉제소품과 피규어 등 여러 재료로 꾸밀 수 있습니다.

사각리스 만들기

1. 자연물 리스틀을 준비해요.

2. 린넨천을 재단합니다.

3. 바느질을 해줍니다.

4. 솜을 넣습니다.

5. 라피아끈, 단추 등으로 마무리해요.

6. 사각리스트에 걸거나 묶어주면 완성됩니다

15 토분리스

외국의 정원 사진을 보면 가든쉐드 문에 달린 토분리스가 더 특별해 보일 때가 있어요. 내가 꾸미고 관리하는 정원에도 하나쯤 걸어서 새로운 분위기를 연출하는 건 어떨까요?

토분리스에 솔방울, 나뭇가지 등 자연재료를 함께 사용하면 토분의 차가운 느낌을 줄일 수 있어요.

 토분리스 만들기

✄ **재료:** 원형리스틀, 토분, 와이어

1. 토분에 와이어를 넣어요.

2. 토분에 와이어를 먼저 고정해요.

3. 리스 틀에 토분을 고정 해요.

4. 윗부분에 고리를 만들어 고정해요.

5. 완성

184_ 초록향기 가득, 반려식물 인테리어

16 마끈 소품

가드닝을 하다보면 기본적인 화분이나 흙, 모종삽 등 주요한 것 외에도 다양한 부자재가 활용됩니다. 그 중 마끈은 가볍고 간단한 것을 걸 때는 물론 장식으로도 많이 쓰입니다.

사용하기 편리하게 감긴 제품은 비교적 가격대가 높고 양이 적어서 주로 기본 마끈만 구입하는 경우가 많아요. 처음에는 문제 없이 사용할 수 있지만 금세 엉키고 풀어서 쓸 때마다 먼지도 날립니다. 그런 마끈을 나뭇가지와 와이어 등을 이용해 정리하면 편리하게 사용할 수 있고, 소품으로 활용하기도 좋습니다.

 마끈 소품 만들기

🌱 **재료:** 마끈, 나뭇가지, 와이어

적당한 굵기의 나뭇가지를 잘라서 마끈을 말고 와이어를 고정하면 완성됩니다.

17

소품의 특별함, 그린레시피

가드닝에서 소품이 주는 에너지가 얼마나 특별한지 보여주는 그린 레시피입니다. 식물과 소품의 조화가 마음까지 즐겁게 합니다.

미니수레

테이블 위 새장 캔들

그린레시피 테라스 율마와 수국

바스켓 속 수선화와 덕구리난

토분이 있는 정원

토분은 식물에게, 그걸 가꾸는 가드너에게
좋은 친구라는 생각이 들어요.
크기와 모양을 고려해 식물과 만나
좋은 보금자리가 되고,
때로는 빈 공간에 그냥 쌓아놓으면 장식이 되고,
식물 좋아하는 사람들 만날 때 하나 들고가 쓱, 선물로 내밀수도 있어요.
또 원하는대로 모아서
식물과 소품과 함께 두고 나만의 작은 토분카페를 만들어도
함께 하는 즐거움을 줍니다.

01

나만의 작은 토분카페,
토분 공간

집 현관쪽 여유공간에 자리한 토분들은 가드닝의 시간과 함께 만들어지고 있어요. 무심히 그냥 쌓아두기도 하고, 필요할 때 식물도 심고, 선물을 하기도 합니다.

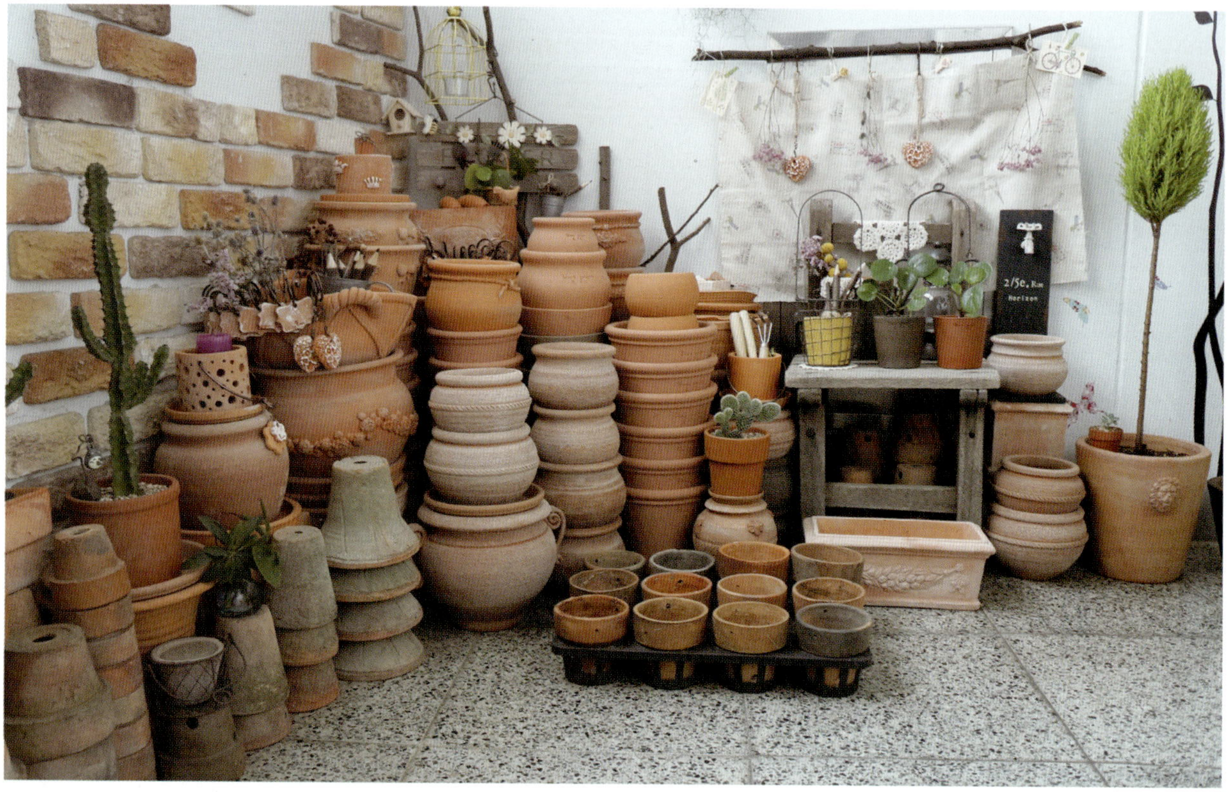

02

가드닝의 또다른 에너지,
토분 감성

때로 소품과 함께 두기만 해도 토분이 주는 특별한 그 느낌이 참 좋아요.

토분은 어떤 것이 좋은가에 대한 답이 따로 없습니다. 수입토분부터 일반 국내토분은 비용 부담이 적으면서 식물 키우기 좋고, 개성 다른 수제토분은 다양하게 소장하고 보는 즐거움도 있습니다.

다양한 화분 종류 중 하나인 토분은 황토흙에 유약을 바르지 않고 고온에서 구워내, 시간이 지날수록 색감도 자연스러워지는 특성이 있어요. 또 만든 흙과 지역 특성 따라 질감은 물론 컬러와 식물식재 시 습도유지력 등 여러 차이를 보입니다.

토분은 수입토분부터 국내 일반토분, 수제토분 등 저마다 조금씩 다른 특성이 있어요.
식물을 심지 않고 모양에 따라 소품과 함께 두는 걸로도 인테리어 효과가 좋아요.

식물과 함께 공간의 여유를 주는 토분

개성있는
모양의
수제토분

03

새롭게 다시 쓰는,
토분 활용

금이 가거나 깨진 토분도 새롭게 활용할 수 있어요.
살짝 금이간 건 와이어를 이용해 테두리를 둘러 고정하면 큰 문제없이 사용할 수 있어요.
또 깨진 토분조각은 물을 많이 주는 식물 흙 위에 얹으면 흙파임을 방지할 수 있어요.

토분 세척하기 팁
적당한 백화현상과 자연이끼는 멋스럽지만 그 외에 지나친 오염이 있다면 베이킹소다와 식초를 활용해보세요. 토분 안과 표면의 흙을 제거하고 용기에 따뜻한 물과 베이킹소다, 식초를 7:2:1 정도로 섞은 후 토분을 3시간 이상 담궜다가 헹구면 됩니다.

구멍토분
난이나 공중식물을 키우는 것 외에도, 커피자루나 양파망 등을 잘라 안을 두른 후 일반 식물을 심어 키울 수 있어요. 이때 물관리를 조금 더 신경쓰면 됩니다.

구멍토분과 필레아

공간별 식물 인테리어

식물이 주는 인테리어 효과는 아주 큽니다.
특히 관엽식물은 자라는 크기나 잎의 모양에 따라서
화분과 함께 다양한 소품 등과 어우러져 공간을 돋보이게 하고
보는 사람에게
편안함은 물론 마음까지 행복하게 합니다.
하지만 대형화초는
장소에 맞지 않게 잘못 고르면 후회할 수도 있습니다.
식물이 어떤 특징을 갖고 있는지,
어떤 형태로 자라는가에 따라
다양하고 효과적인 공간연출을 할 수 있습니다.
그러므로 실내 장식을 하기 위해서 식물을 들일 때는
장소 특성과 목적을 고려해 선택하는 것이 좋습니다.

01 미니플라워카페 꾸미기

집안 한쪽에 나를 위한 공간, 미니플라워카페는 특별한 공사나 큰 가구 없이도 꾸밀 수 있어요. 좋아하는 소품과 초록잎이 싱그러운 식물, 꽃이 화사한 화분이면 됩니다.

비교적 관리가 쉬운 식물을 선택하면 좋아요.

벽난로를 사용하지 않는 계절, 친구집에 다양한 식물과 소품으로 제가 직접 꾸민 미니플라워카페예요. 율마, 수국, 아이비, 트리안, 오색마삭 등과 나뭇가지 소품으로 봄 공간을 꾸몄습니다. 난로가 있는 창가 쪽에 미리 준비해간 식물과 틴 소품으로 꾸민 공간은 변화를 주기도 쉽고 관리도 수월합니다.

천낭금

초설

라탄바구니 트리안과 양철바스켓 아이비

02 상업공간 그린인테리어

연령대가 다양한 손님이 오가는 상업공간은 너무 많은 식물보다 눈을 시원하게 하는, 잎이 선명한 관엽식물을 몇 종류 놓으면 좋습니다.

빛이 좋은 창가에 작은 식물과 소품을 배치하면 인테리어 효과까지 높일 수 있습니다. 카페, 식당, 약국 등의 그린인테리어는 첫인상은 물론 재방문이 중요한 요소 중 하나로 작용하기도 합니다.

추천화초

- 입구나 실내 : 뱅갈고무나무, 남천, 휘카스움베르타, 산세베리아, 기둥선인장 종류
- 창가 : 필레아, 스투키티아라, 산세베리아문샤인, 미니선인장 등

Cafe. SoL

Cafe. 조각구름

카페 창가나 입구 등은 관리가 수월하고 잎이 너무 많이 떨어지지 않는 식물이 좋아요. 자칫 관리가 쉽지 않아 지저분해보이지 않도록요.

Cafe. 반딧불에 콩을 볶다

카페 입구를 식물로 꾸미면,
손님들이 기분 좋은 초록을 느낄 수 있어요.

카페입구

초록이 있는 포인트 공간

집안 모든 공간을 다 예쁘게 꾸미는 것도 좋지만 그게 쉽지는 않죠. 자칫 잘못하면 어수선할 수도 있고요.

기본적으로 활용할 수 있는 스탠드와 테이블은 포인트 공간 꾸미기 좋은 아이템이예요. 여기에 식물과 소품이 적절하면 시각적인 편안함도 더해집니다.

식물로 포인트 공간 만들 때 고려사항

- 장소고려 : 식물은 기본적으로 살아있는 생명이므로 햇빛이나 바람 등 키울 장소에 대한 환경을 먼저 생각해야 합니다.

- 자신의 취향 : 꽃이 지는 식물, 계절별로 물이 들어 낙엽이 지는 식물, 가지치기가 필요한 식물 등 특성이 다르므로 그부분을 고려해 자신의 취향에 맞는 식물을 선택합니다. 예를 들어 향기에 민감하다면 꽃이나 그 식물의 잎에 향이 너무 진하지 않은 식물을 선택합니다.

- 공간과 균형고려 : 식물에 대한 기본적인 이해를 한 후 식물을 놓고 키울 공간에 대한 균형을 고려해야 길게 함께 할 수 있습니다.

- 생활패턴(유지관리) : 집이나 사무 공간 등 머무는 시간을 생각해 어느정도의 관리가 필요한지 식물에 대한 특성을 알고 그부분을 고려해 선택합니다. 집에 머무는 시간이 짧은 경우나 관리가 수월한 식물을 원할 경우 - 산세베리아, 스투키, 선인장, 파키라 등 물 관리가 적은 식물이 좋습니다.

04 식물이 있는 오피스 공간

금요일 저녁, 혹은 휴일을 앞둔 날은 특별한 약속이나 좋은 일이 없어도 그 자체로 즐거움이죠. 하지만 휴일의 시계는 얼마나 부지런한지, 금세 월요일 출근날을 불러옵니다.

때로 무겁게 느껴지는 출근길, 일하는 곳을 조금 더 에너지 넘치는 공간으로 꾸민다면 즐거운 일터가 되지 않을까요?

제가 일하는 공간은 창가, 책상 위, 입구 등 소품과 식물이 항상 함께 합니다.

식물과 소품으로
꾸민 직장

책상 위 아이비

햇빛이 잘 드는 창가에도 화분을 놓아요.
비교적 관리가 수월한 선인장이나 수경식물도 좋아요.

테이크아웃잔의 콩고

직장 입구

데모르사카 꽃과 함께하는 여유

책을 보는 책상 위에 사각화분 아레카야자를 놓았어요. 비교적 쉬운 관리는 물론 줄기가 아래로 퍼지듯, 그 초록빛이 기분 좋아요.

책상위 그린인테리어 아레카야자

아레카야자는 겉흙이 바싹 마르면 물을 흠뻑 줍니다.

좋은 사람 책상 위에 놓고 싶은, 스투키

    스투키의 여러 종류 중에서 줄기 높이가 낮고 통통하면서 촉수가 비교적 적어서 책상위에 잘 어울려요. 좋은 친구, 사랑하는 사람의 책상 위에 놓고 싶은, 그래서 그 사람에게 눈과 마음의 쉼을 주고 싶은 초록이에요.

스투키는 햇살 좋은 곳이든 반그늘이든 어디 놓아도 괜찮은 식물입니다.

공간별 추천화초

공간별 추천화초

- 빛이 적은 공간에 무난한 식물 : 호야, 스킨답서스, 아디안 텀, 산호수

- 빛은 있지만 화분 놓을 공간이 부족한 곳 : 립살리스, 디시디 아, 아이비, 에어플랜트 등 걸이식물

- 야외 테라스 공간에 키우기 좋은 식물 : 좋은 햇빛과 바람이 있는 야외 공간은 한겨울을 제외하면 다양한 식물을 키 우는 즐거움을 느낄 수 있습니다 : 율마, 남천, 올리브나 무, 라인골드, 피어리스

- 오피스 등 업무공간 : 긴 시간 일을 하는 곳이라면 관리는 너무 어렵지 않으면서 초록으로 눈이 시원한 식물이 좋 아요 : 고무나무, 아이비, 스킨답서스, 수경식물 등

초보자를 위한 가드닝 Tip

- 식물 선택 : 너무 어려운 식물보다 키우기 수월한 종류를 선택합니다. 유행하는 식물이나 희귀한 종류의 식물은 관리 어려움으로 잘못되면 시작부터 가드닝의 기운을 조금 잃게되요.

- 좋은 식물 고르기 : 꽃집 등에서 식물을 직접 구입한다면 포트에 식재된 식물의 줄기 꺾임이나 시든 잎 등이 없는지 잘 살펴봅니다. 만약 꽃이 피는 식물을 구입한다면 꽃봉오리가 너무 활짝 핀 것보다 꽃봉오리 덜 핀 것을 구입합니다.

- 온라인 활용 : 오프라인 판매처가 가까운 곳에 없다면 온라인 등 믿을 만한 사이트에서 구매하는 것도 좋습니다. 온라인 구매시는 온도가 심하게 낮은 한겨울과 폭염이 있는 계절에는 그 날씨를 고려해 식물을 구입합니다. 배송 중에 식물이 무르거나 냉해로 손상될 수 있습니다.

- 식물 물주기 : 식물 특성에 따라 또 환경에 따라서 물주는 방법은 다양 합니다. 물을 며칠 늦게 주거나 조금 많이 줘도 별 문제없이 자라는 식 물이 있는가하면 그렇지 않은 식물도 많습니다. 식물을 구입하면 그 특성을 알고 물주기를 합니다.

- 여름 : 강한 햇빛을 좋아하는 식물이 아니라면 반그늘로 옮겨줍니다. 물 을 많이 좋아하는 식물이라면 일주일에 2~3회 정도는 보통때와 달리 물을 아주 여러번 줘서 줄기와 잎의 수분보충을 충분히 합니다.

- 겨울 : 베란다에서도 겨울을 나기 어려운 식물은 실내로 들여서 겨울을 납니다. 냉해는 회복이 어려운 경우가 많습니다.

식물 상황에 따른 대처요령

- **시들어 가는 화초** : 식물이 물을 좋아하는 종류인지 아닌지를 확인한 후 수분공급여부를 선택합니다.

- **잎이 떨어지는 화초** : 가을에 물이 들거나 휴면기에 접어 들어 떨어지는 것인지, 물부족이나 수분 과다공급인지 확인한 후 조치를 합니다.

- **해충이 생긴 경우** : 식물은 통풍이 덜 되는 곳이나 햇빛이 적은 경우, 지나치게 건조하게 키울 경우, 가지 정리 시기를 놓친 경우 등 여러 가지 원인으로 해충이 생길 수 있습니다. 대표적인 해충으로는 식물의 수액을 빨아먹으며 수를 늘려 잎을 끈끈하게 만드는 깍지벌레, 생긴 후 적갈색으로 변하는 응애, 잎 뒷면 수액을 빨아 먹으며 잎을 손상시키는 잎진드기, 잎이나 줄기로 날아다니며 식물에 손상을 주는 가루이는 대체로 번식력이 왕성합니다. 발견하면 약을 뿌리기 전에 손으로 먼저 제거를 하고 물로 헹궈줍니다. 그리고 다른 식물과 거리를 두고 분리합니다.

- **흙에 벌레가 생긴 경우** : 식물을 뽑아내고 흙을 털어낸 후 다시 분갈이를 합니다. 하지만 물을 많이 주는 특성의 식물인 경우 지렁이 등 완전제거 후에도 다시 생기는 경우가 있습니다.

무늬 산호수는 사계절 무난하게 키울 수 있어요.

 ## 포트식물 분갈이 하기

1. 옮겨 심을 화분과 흙, 모종삽을 준비합니다.

2. 바닥면에 깔망을 놓습니다.

3. 흙을 1/3정도 넣습니다.

4. 포트에서 식물을 꺼냅니다.

5. 화분에 식물을 넣어 높이를 맞추고 흙을 채웁니다.

6. 물을 흠뻑 준 후, 반그늘에 둡니다.

06 미니가든에 무난한 식물

식물을 키우는 첫 시작은 관리가 쉬운 종류를 몇가지 선택해 원하는 공간에 선반, 소품 등을 활용하면 좋아요.

호야, 싱고늄, 필레아, 안스리움, 아이비, 산호수, 스파티필름, 아레카야자, 테이블야자 등이 무난합니다.

잎이 일반 싱고늄과 달리 부드러운 느낌이 나는 벨벳싱고늄은 키우기 무난한 편이에요.

선인장도 큰 관리가 필요없어요.

이동이 쉬운 소품 등을 활용한 미니가든

07 식물 사진과 소품 예쁘게 찍기

요즘은 자신이 키우는 식물의 성장기나 예쁜 모습을 사진으로 찍어서, 블로그나 다른 SNS로 올려서 기록은 물론 타인에게 보여주고 싶어 하는 분이 많아요. 하지만 예쁜 모습만큼 사진에 안담겨 아쉽고 속상할 때가 있을거에요.

이 책속에 담긴 사진들은 전부 제가 키우는 식물을 직접 찍은 사진들입니다. 특별한 장소가 아니라도 식물을 조금 더 돋보이고 예쁘게 찍을 수 있는 방법 몇 가지를 알려드릴게요.

사진찍기 팁

- **시간대 선택** : 너무 이른 시간이나 밤 시간은 인공빛이 있어도 자연광만큼의 역할을 기대하기는 어려워요. 해가 적당한 시간에 식물 사진을 찍으면 조금 더 선명하고 좋은 모습 담을 수 있습니다. 집에서 찍는다면 사진이 잘 나오는 시간이나 햇빛이 들어와 적당한 시간을 기억하면 좋습니다.

- **배경선택** : 작은 화분의 식물이라면 뒤쪽에 너무 많은 다른 식물이나 물건은 없는지, 그부분이 찍어줄 식물에 방해가 된다면 치우거나 위치를 바꿉니다.

- **각도활용** : 식물 특성이 다양하다보니 사진의 각도가 따로 정해져 있지는 않습니다. 하지만 정면 각도는 물론 근접한 모습, 위에서 내려다본 모습 등 여러 각도를 촬영합니다. 식물 특성에 따라서 정면 각도보다 다른 각도가 어울리는 꽃식물도 있고, 정면 각도를 잘 잡아야하는 식물도 있습니다.

- **소품활용** : 저는 화분 못지 않게 다양한 소품도 참 좋아하는데요 식물 사진에도 필요하다면 픽이나 어울리는 소품 등을 놓고 함께 찍으면 생동감 있는 모습이 연출됩니다.

- **트리밍 작업** : 트리밍은 분야에 따라서 여러 의미로 쓰이지만 사진 원판에서 원화의 불필요한 부분을 잘라내는 것을 말합니다. 사진 촬영 후 그대로 올려도 문제가 없다면 괜찮지만, 불필요한 부분이 있다면 좌우, 상하 등에서 그 부분을 조금 자르고 올리면 찍은 식물이 더 돋보일 때가 있습니다.

컬러 만냥금

소품과 벤쿠버 제라늄

08

여러가지 종류의 흙

식물을 키우는데 필요한 흙은 그 종류가 많습니다. 식물 성장에 맞게 질석, 펄라이트, 액비 등 여러 종류를 섞은 일반 분갈이 흙부터, 나무껍질을 자른 바크는 물빠짐이 좋고 서양난이나 착생 식물에 많이 활용됩니다.

백태, 자연이끼, 인조이끼 등 여러 종류 이끼는 바크처럼 착생식물을 키우는건 물론 장식 소품에도 쓰입니다.

흙 외에도 크기가 다른 돌은 물빠짐 좋아야하는 식물 키우기, 수경재배, 선인장 장식 등 여러 용도로 쓰이므로 필요에 따라 유용하게 쓰면 좋습니다.

세척마사

수태

배양토

인조이끼

키우는 식물 종류따라 사용하는 흙이 다르지만 기본적으로 일반분갈이 흙과 마사 몇 종류가 함께 있으면 좋습니다.

일반 꽃집에서 쉽게 구입할 수 있는 분갈이용 흙은 식물 성장에 필요한 여러 영양성분과 펄라이트, 건조분쇄된 나뭇가지 등을 포함해 다양한 성분이 추가되어 살균, 소독처리를 해 놓았기 때문에 홈가드닝용으로 좋습니다.

관상용 식물을 키우는 흙은 식물에 맞는 전용흙을 구입해 사용합니다.

펄라이트

흙의 종류와 비료와 영양제 이용방법

- **배양토** : 식물을 재배하기 위해 유용한 영양성분을 골고루 배합해 만든 흙입니다.

- **마사** : 주로 다육식물이나 선인장 등에 많이 사용되는데 물빠짐이 좋은 흙을 사용해야하는 식물에도 다용도로 이용되고 있습니다. 가는 세립, 보통 정도의 중립, 미세흙을 세척 건조한 세척마사 등 필요에 따라 선택할 수 있습니다.

- **난석** : 화산석을 선별한 가벼운 경량토로 난 분갈이, 배수용 등의 용도로 사용됩니다.

- **바크** : 소나무나 잣나무 등의 껍질을 잘라 놓은 걸로 난류의 상토로 이용하거나 관엽식물 상토에 섞어 사용합니다. 바크 등 우드칩 종류는 미생물 번식도 활발하고 유기물 공급 역할을 합니다.

- **화산석** : 구멍이 많아 배수성이 좋고 모양따라 장식효과도 있어 크기따라 다양하게 사용할 수 있습니다.

- **하이드로볼** : 점토와 물을 혼합해 1,000도 이상의 고온에서 구워낸 인공토입니다. 식물에 산소 전달이 잘 되지만 하이드로볼 자체만으로는 영양분이 적어서 수경재배나 장식 등 보조용토로도 사용할 수 있습니다.

- **펄라이트** : 진주암을 높은 온토로 튀긴 미세구멍이 많은 가벼운 경량토입니다. 배수성, 보수성, 통기성 등이 좋아 잔뿌리 생성에도 도움이 됩니다.

- **수태** : 미생물이 많이 포함되어 토피어리나 난 종류 등에 상토대용으로 사용됩니다. 주로 압축형태로 많이 수입 판매되는 수태는 유용하게 사용할 수 있습니다.

- **코코칩** : 코코야자 열매의 껍질을 잘게 잘라서 블록으로 압축시켜 만든 천연섬유질입니다. 습도유지 역할도 해서 립살리스 종류에도 많이 사용합니다

- **비료와 영양제** : 비료는 인산, 질소, 칼륨으로 구성되어 종류는 다양합니다. 보통 한가지 성분으로 이루어진 단일비료와 여러 성분이 혼합된 화성비료로 나누어 집니다. 시중에는 액체형태의 액비와 흙 위에 올려두는 고형비료, 작은 알갱이 비료 등이 많이 유통됩니다. 비료의 인산성분은 주로 꽃과 열매에 작용하고 질소 성분은 잎과 줄기의 생장에, 칼륨은 뿌리의 생장과 면역력에 영향을 미칩니다. 농장이나 다량 생산 등이 아닌 관상용 식물이라면 모든 식물에 비료가 필요한 게 아니므로 꼭 필요할 경우만 사용하면 됩니다.

액체비료나 영양제 등은 표기된 양을 잘 지켜서 사용합니다. 작은 알갱이 비료는 설명서를 참고 후 화분 크기와 식물 종류에 따라 양을 정해 흙 위에 올리면 됩니다.

09

다양한 가드닝 도구

가장 기본이 되는 흙과 화분 외에도 다양한 도구가 함께 있으면 더 즐거운 가드닝을 할 수 있습니다.

온도계는 한여름이나 한겨울 등 필요한 시기에 식물이 있는곳 온도체크에 유용합니다.

양철바스켓은 작은 화분 분갈이 등 유용하게 활용할 수 있어요.

모종삽은 크기 색감 등 여러 가지가 있어요. 용도대로 몇가지 구입해서 쓰면 좋아요.

빗자루는 평소에는 소품으로 분갈이 후는 청소용으로 활용하기 좋아요.

다양한 화분

플라스틱, 도자기, 테라코타, 걸이화분

여러종류의 물통

물이 조금씩 나와서 물을 적게 먹는 식물과 선인장 가장자리로 물 주기 유용해요.

화분받침은 식물을 실내에서 키운다면 꼭 필요합니다. 서랍형은 흐르는 물을 받아내기 편리해요. 일반 받침을 사용한다면 색감과 크기를 고려합니다.

종류별 흙과 마사 편리하게 사용하기

식물을 키우며 기본적으로 꼭 필요한 흙. 구입하면 항상 봉지째 그냥 사용하다보니 쓸 때마다 흘리게되고 여기저기 대충 두고 찾게 됩니다. 정원있는 주택 등 공간 여유가 좀 더 있는 곳에 사시는 분들보다 아파트는 흙이나 다른 부자재 보관, 정리도 쉽지만은 않은듯해요.

깔끔하게, 편리하게 사용할 좋은 방법 중 하나로 뚜껑이 있는 플라스틱 용기를 구입했습니다. 생활용품점에서 저렴한 가격에 구입할 수 있습니다.

직사각, 큰 용기에는 보통 많이 구입해 사용하는 3~4,000원 정도의 분갈이 용토 10리터, 그 한봉지 뜯어 넣으니 넉넉하게 들어갑니다. 너무 크면 보관이 어려워 10리터 위주로 구입해서 정리했습니다.

비닐 봉투도 습기예방을 위해 흙 공기 구멍이 있는데 이 통도 완전히 밀폐된 용기가 아니라 습기찰 걱정은 없어요.

5~10리터 직사각용기

분갈이 흙

용기에 담은 흙

세척 마사도 용기에 담아두고 필요할 때 꺼내 사용하면 편리해요.

작은 용기에는 마사 두 종류 외에 깔망 등 다른 재료를 넣었어요.
정리를 해도 깔끔하게 유지하기는 쉽지 않지만 비닐이나 자루에 그냥 두는 것 보다
정리후 적당한 공간에 두고 사용하면 편리합니다.

- 덩굴식물 : 줄기가 자라며 혼자 지탱할 수 없어서 다른 식물이나 물체에 의존해 감거나 타고 올라가며 자라는 식물을 일컬어요.

- 착생식물 : 흙 이외에 나무나 바위 같은 다른 물체 표면에 뿌리와 기근을 대부분 노출하고 붙어서 자라는 식물을 일컬어요.

- 관엽식물 : 잎의 모양이나 빛깔의 아름다움을 보고 즐기기 위해 재배하는 식물을 말합니다. 단풍나무, 고무나무, 크로톤 등 다양한 식물이 있습니다.

- 지피식물 : 토양을 덮으며 자라는 식물로 풍해나 수해 방지 역할도 합니다. 밝고 노란 황금 세덤도 화분이 아닌 땅에 심으면 퍼지듯 자랍니다.

- 여러해살이식물(다년초) : 수명이 짧은 한 해 살이와 달리 2년 이상 생존하는 식물을 말해요.

- 구근식물 : 알뿌리에 영양을 갖고 있는 식물을 말해요. 히야신스, 수선화, 무스카리 등 다양한 봄꽃들이 있어요.

- 괴근식물 : 덩어리로 된 뿌리라는 뜻의 괴근식물(덩어리 괴塊, 뿌리 근根)은 주로 아프리카, 중동, 중남미 등에서 자생하는 다육식물을 일컬어요. 일반다육과 달리 환경에 맞게 생존하기 위해서 몸통과 줄기, 뿌리가 동그랗게 팽창된 모양을 하고 있어요. 그곳에 생존에 필요한 수분과 영양을 다량 저장하기도 해요. 국내에는 주로 구갑룡, 스테파니아 에렉타, '야구공 식물'이라는 영문명의 오베사, 철갑환 같은 식물이 수입 유통되고 있어요.

- 난과식물 : 고등식물 중 가장 진화한 식물로 알려진 난은 원산지를 기준으로 동양란과 서양란, 뿌리 뻗는 특성에 따라서 지생란과 착생란으로 분류됩니다. 토양에 뿌리를 내리는 지생란, 카틀레야처럼 나무나 바위등에 붙어 뿌리를 공중에 노출시킨 채 사는 난을 착생란이라고 해요.

- 양치식물 : 관다발 조직을 갖고 있는 일반적인 식물과 달리 꽃과 종자없이 포자로 번식하는 식물을 일컬어요. 대표적인 종류로는 고사리과 식물과 세뿔석위 등이 있어요.

- 부생식물 : 죽은 생물의 몸이나 배설물 등에 기생하여 양분을 얻어서 사는 식물로 보통 뿌리가 잘 발달하지 않아요.

- 행잉플랜트 : 공중에 매달거나 벽에 걸어서 키울 수 있는 특성을 가진 식물을 통칭으로 일컬어요

- 선인장과 다육식물 : 줄기나 잎에 많은 수분을 함유한 식물로 그 중에 특히 잎이 가시화된 선인장은 그 종류도 다양합니다.

- 겉씨식물 : 밑씨가 씨방 안에 있지 않고 겉으로 드러나 있는 식물을 말해요.

쿠페아꽃

콩짜개난

- 목질화 : 어린 줄기로 자란 식물이 시간이 지나며 성장과 함께 표면이 단단해지는 현상을 말해요. 리그닌이 생성되어 나타나서 리그닌화 라고도 합니다.

- 수형 : 나무의 뿌리, 줄기, 잎 등이 어우러져서 만들어내는 전체적인 모양으로 식물 종류마다 기본적인 고유의 모양은 유전이 되지만 환경따라 달라지기도 합니다.

- 겨울눈 : 봄에 잎이나 꽃을 피우기 위해 만들어져 겨울을 나는 눈으로 겨울눈은 보통 비늘조각이나 털 등으로 덮여 있어요.

- 겹꽃 : 여러겹의 꽃잎으로 이루어진 꽃, 꽃잎이 한 겹으로 이루어진 홑꽃과 반대이죠.

- 암수딴그루 : 암꽃이 달리는 암그루와 수꽃이 달리는 수그루가 다른 식물을 말해요

- 암수한그루 : 암꽃과 수꽃이 한 그루에 따로 달리는 식물을 일컬어요. 씨 식물의 많은 종이 암수한그루에 해당합니다.

- 학명 : 학술적인 편의를 위해서 세계 공통적으로 사용하는 생물의 이름을 일컬어요.

- 유통명 : 학명과 달리 그 지역 등 시중에서 공통으로 부르는 이름을 일컬어요.

- 기본종 : 생물의 어떤 종을 세분화해서 나눈 종으로 돌연변이로 생긴 기본적인 분류단위도 포함됩니다.

- 변종 : 원래 갖고 있던 특성에서 모양이나 성질이 조금 다르게 변한 것을 일컬어요.

- 재배종 : 인공적으로 다시 교배하여 생산한 것을 일컬어요.

- 왜성종 : 키가 높이 자라지 않는 성질을 가진 식물의 종류를 일컬어요.

- 복토 : 화분 분갈이가 아니라 그 화분 맨 윗부분에 흙을 추가로 얹어 주는 것을 말해요.

- 수액 : 나무줄기나 가지에서 나오는 액으로 나무즙이라고도 합니다.

- 삽목(꺾꽂이) : 줄기 일부분을 꺾어서 성장시키는 것을 말해요. 삽수도 같은 방법입니다.

- 휘묻이 : 식물을 꺾지 않고 휘듯이 한 부분을 흙에 묻어 뿌리를 내려 다시 하나의 개체로 번식시키는 방법이에요.

- 접목(접붙이기) : 서로 다른 개체의 두 나무를 하나로 연결하는 것을 말해요. 바탕이 되는 부리쪽 식물이 밑나무가 되고 위에 갖다 붙이는 접지 식물을 새로운 하나의 개체로 만드는 기술이에요. 일반 과실수는 물론 선인장 등 다양하게 활용되요.

- 잎꽂이 : 어미화초에서 건강한 잎을 떼어 배양토에 꽂아서 번식하는 방법이에요. 바이올렛, 다육식물 등이 잎꽂이 번식을 많이 하는 식물이에요.

- 저면관수 : 화분 흙에 직접 물을 부어주는 것이 아니라 용기에 물을 담아 화분 바닥면이 일부 잠기게 하는 수분공급 방법이에요.

- 포기나누기 : 뿌리에서 난 여러개의 움을 뿌리와 함께 나누어 따로 독립시켜 번식하는 방법을 말합니다. 반딧불머위, 스파트필름 같은 식물이 포기나누기에 적합하므로 적절한 시기에 하면 좋아요.

- 휴면기 : 식물이 원래의 기능을 활발히 하지 않고 발육을 정지하며 쉬는 기간을 말해요. 대체로 겨울과 함께 시작되는 식물이 많지만 식물 종류에 따라서 여름이 휴면기인 식물도 있어요. 단풍나무나 물든 남천, 소사나무 등은 잎을 떨군채 앙상한 가지로 휴면을 하는 반면 잎을 떨구지않고 휴면하는 식물도 있습니다.

10 개성있는 캐릭터 화분

다양한 애니메이션을 주제로 한 개성있는 캐릭터화분은 베란다나 테이블 등에 그냥 두기만해도 기분좋은 분위기를 연출합니다.

가끔 상상합니다. 햇살 좋은 날, 베란다에 있는 율마 화분에 물을 주다가, 목마가렛 꽃봉오리를 보다가 그 상상버스를 기다립니다.

미야자키 하야오 감독의 '이웃집 토토로' 속 주인공들은 지금쯤 어디 있을까? 버스 정류장에 서서 잠시, 그 동화속 친구들을 기다립니다.

힐·링·가·든

일상을 벗어나 약속이나 계획이 없어도 부담없이 찾아갈 곳 있으세요? 그곳이 여유로운 초록빛과 향기로운 차가 함께 하는 곳이라면 더 좋을거 같아요.

벽돌과 베고니아

도심을 벗어난 한적한 곳에 위치한 카페.
Cafe, Jera Garden
blog.naver.com/crystal2443

저 멋진 가든쉐드 옆 테이블에서 마시는 한 잔
의 커피는 지친 몸과 마음을 토닥여주는 손길인것
만 같아요.

정원용품을 보관하는
가든쉐드

좋은 사람과 마주보고
앉아 있는 상상만으로도
즐거운 풍경

올리브나무와 율마

율마와 올리브나무 등 다양한 관엽식물은 물론 토분까지 함께 보고 구매할 수 있는 대전 유성화훼단지의 천송플라워는 도심 속 쉼터같은 곳입니다.

계절과 요일 상관없이 마음이 내키면 언제든 달려갑니다.

수련

천사의 눈물

blog.naver.com/11236514
천송플라워가든

스코티시폴드 로이

율마길과 로이

잘 자라는 식물과 편안함을 주는 토분이 가득한 곳에서 마시는 커피 맛은 어떨까요? 도심을 벗어나 경기도 여주, 남한강이 가까운 곳, 이색적인 건물 2층에 자리한 아뜨리움 카페는 직접 만든 토분을 무심한 듯 쌓아 놓고 향긋한 커피를 내리며 손님을 맞습니다. 이곳은 가족이나 친구와 함께 가도 좋고, 혼자 가서 나를 위한 휴식의 시간을 보내기도 충분한 곳입니다.

선인장과 몬스테라

식물과 토분이 자리한 실내

Cafe ATRIUM Garden
https://blog.naver.com/msm10235

테라스에도 개성있는 토분들이 가득해요

커피를 주문한 후 멋스러운 몬스테라를 보고, 내방 창가에 놓으면 좋을 토분과 식물을 고르는 즐거움을 느끼다 보면 시간이 훌쩍 흘러 돌아오는 발길이 쉽게 떨어지지 않을 수도 있어요.

일상 속, 설렘의 요소들

요즘은 사람들 각자 다른 개성만큼 즐기고 좋아하는 취미도 다양해지고 있습니다.

캠핑을 좋아하는 친구에게 제가 묻습니다.

"캠핑이 왜 좋아?"

"일하는 곳, 집 떠나서 멀리……, 가만히 자연속에 앉아 있으면 마음이 편안해."

하는 친구의 말을 듣고 그 시간을 상상합니다.

하루하루 짜맞춘듯 돌아가는 일상을 떠나 자연 속 캠핑장, 그곳 어느 나무 아래 앉아서 느끼는 조용한 자연의 시간.

나무 숲을 머물던 바람이 따뜻한 햇살을 묻혀 곁에 함께 할 것 같은 기분좋은 여유가 느껴집니다.

그러고보니 저도 늘 반복되는 일상을 떠나 있을 때 참 좋다는 걸 알게 됩니다. 특히 계절마다 조금씩 달라지는 베란다 정원에 앉아 제가 좋아하는 가드닝도 하고, 종이 냄새 맡으며 책을 넘기고, 커피도 마시는 그 순간이 정말 편하고 행복합니다.

스마트폰과 SNS 등으로 인해 전보다 더 빠르고 편하게 많은 사람들과 소통하고 있는 것처럼 보이지만 사실은 그럴수록 더 고립되고 외로워질 때가 있습니다. 그 고립과 외로움이 깊어질수록 마음을 채워줄 무언가가 때로 취미로 연결되기도 하는게 아닌가, 싶습니다.

주변을 둘러보면 그 취미도 정말 많습니다. 사람의 손으로 이걸 만들었을까, 싶게 놀라운 바느질 솜씨로 여러 소품을 만드시는 분부터 시작해, 베란다 가득 꽃보다 더 어여쁘게 다육식물 정원을 가꾸는 분, 아름다운 풍경을 사진으로 담아내시는 분, 근사한 여행지에서의 추억을 보여주시는 분, 도심을 떠나 자연 속에서 캠핑을 즐기시는 분 등 다양합니다. 하지만 다수가 즐기지 않는 취미라도 나만의 시간 그 시간에 나를 행복하게 하는 무엇, 그것도 취미가 아닐까요?

멀리 더 좋은 곳으로 떠나지 못해도, 비싸고 특별한 걸 사모으지 않아도 나를 편안하게 해주는 것, 나만 즐길 수 있는 것, 그것도 취미가 될 수 있겠죠.

때로 취미가 새로운 직업으로 이어지는 분들도 있습니다. 정말 행복한 일이 아닐까, 싶어요.

어느 분야에서든 다양성이 필요한 요즘, 내가 즐기지 않는 일이라도 다른 사람이 행복하게 즐기는 그 취미도 색안경보다 있는 그대로 봐주는 것도 필요할 거 같아요.

제 생활속에서 가드닝은 취미이자 제가 잘 할 수 있는 일, 특별한 일입니다. 오래전 율마를 좋아해 율마 잘 키우기에서 시작된 가드닝은 다양한 식물에 관심을 갖고 배우는 걸로 이어져 몇 년간 가드닝 공부로 저를 바쁘게 했습니다. 책이라면 주로 문학과 인문학 책만 보던 제가 여러 국내외 가드닝 서적까지 차근차근 구해 읽는 시간이 늘어납니다. 또 식물을 키우는 게 단순히 책으로만 되는 게 아니라서 농장과 꽃집을 다니고 사장님들과 친분을 쌓으며 이야기도 듣고 배우는 계기가 되었습니다. 뿐만 아니라 다양한 원예 관련 프로그램 공부도 하게 되었습니다. 지금도 생활속 가드닝을 더 많은 사람들과 함께 하고 싶어 이런저런 공부의 시간이 늘어납니다.

제 일상에서 빼놓을 수 없는 가드닝, 앞으로도 오랫동안 함께 하고 싶습니다.

어제와 다름없이 이어지는 일상, 반복되는 일, 책임, 업무 등 그것들과 무관하게,

당신을 가장 행복하게 하는 것.

당신이 가장 기쁘게 몰입하는 그 순간, 그 일은 무엇인가요?

내가 익숙하게 오래 해서 잘 하는 일, 내 이름으로 인정받는 일, 좋은 댓가가 따르는 보람있는 일을 한다는 것은 참 좋습니다. 하지만 때로, 모든 긴장이나 결과와 상관없이 온전함, 편안함을 주는 한 가지, 그것과 함께 하는 순간이 있다면 가장 좋은 친구를 얻은 게 아닐까요.

좋아하는 책 한 쪽을 읽는 시간,

퇴근 후 내방에서 눈을 감고 듣는 한 곡의 음악,

조용하게 걸어보는 익숙한 산책길,

계획하고 있는 여행을 생각하며 보내는 기다림,

새잎이 돋아나는 화분에 물을 줄 때의 그 기분처럼,

당신 두 눈과 마음이 온전히 그 사소한 것들로 행복하기를 바랍니다.

저마다 다른 이유로 바쁘게 살아가는 우리, 그런 자신만을 위한 그 취미, 당신의 그 취미로 행복하면 좋겠습니다. 그 시간은 오늘도 우리를 설렘으로 이끌고 있습니다. 그 설렘 속에 초록쉼표가 더해지기를 바랍니다.

앞으로도 식물이 자라는 모습을 사진으로 담고, 변해가는 모습을 느끼고

그 이야기를 글로 쓰는 행복한 일, 그 감정 오래 느끼며 살고 싶습니다. 세상과 저를 연결해 준 가드닝으로 많은 분들과 함께 하겠습니다.

　식물을 단순히 키우고 가꾸는 것 외에 더 깊이 있게 공부하고 알고 싶을 때, 학명이나 분류체계, 계통이 궁금할 때 믿을만한 서적을 찾아봅니다. 특히 "APG나무도감", "APG 풀도감", "메디컬허브백과"는 다양한 식물을 자세히 알고 싶을 때 참 유용해요. 반면 숲 해설가가 들려주는 "나무수업"은 숲속의 나무들, 그들의 우정을 통해 여러 가지를 생각할 수 있는 따뜻한 책입니다.

　APG나무도감(윤주복 저, 진선출판사, 2017)에는 우리 나라 산과 들에 사는 자생수목과 조경수목을 합하여 1600여종의 나무가 담겨있습니다. 700쪽이 넘는 이 책에는 '꽃 색깔별로 찾아보기'가 수록되어 있어 꽃만 보고도 계절에 따라 나무의 이름을 쉽게 찾을 수도 있습니다. 예전에 제가 갖고 있는 책은 그림으로 표현된 것도 많았는데 이건 열매와 꽃 등 생생한 사진이 함께 있어 좋습니다.

　APG풀도감(윤주복 저, 진선출판사, 2017)은 야생화 쉽게 찾기는 물론 꽃색깔과 꽃잎 수로도 꽃이름을 찾아볼 수 있는 책입니다. 특히 식물 가족을 체계적으로 이해할 수 있도록 최신의 분류 체계인 APGIII 분류체계로 정리되어 있습니다. 또한 부록에 '꽃 색깔로 찾아보기' 등을 참고해 계절에 따라 누구나 꽃만 보고도 풀꽃의 이름을 쉽게 찾을 수 있도록 정리해서 평소에도 보기 쉬운 책입니다.

　허브를 본격적으로 다루는 책도 유용합니다. 메디컬 허브 백과 : 내몸을 살리는 치유식물(데이비드 키퍼 글, 유선옥 감수, 김영미 번역, Style 조선, 2015)은 가장 효과적인 치유식물 72가지메디컬 허브를 소개하면서 그런 대표적인 허브는 물론 다양한 허브의 생생한 사진과 세밀화 및 각 식물의 역사를 추적할 수 있는 연대표까지 게재된 책입니다.

　나무수업 : 따로 또 같이 살기를 배우다(페테 볼레벤 지음, 장혜영 옮김, 2016, 이마)를 읽으면 독일 최고의 숲 전문가가 들려주는 나무의 사생활과 그 이웃들의 이야기가 흥미롭고 놀랍게 다가옵니다. 나무도 감각과 감정, 기억을 갖고 있고 숲에서 서로 대화하고 소통하고 있다는 생각을 하니 창밖의 나무들이 오늘은 무슨 이야기를 자신들만의 언어로 나누고 있을지, 슬쩍 궁금한 생각에 창을 열어 숲을 바라보기도 합니다. 집 베란다 창 밖 낮은 산에는 사계절을 묵묵히, 대견하게 난 나무들과 그의 친구들이 고맙게 자리하고 있습니다.